包容型领导对下属创造力的影响机制研究

The Influence of Inclusive Leadership on Followers' Creativity

古银华 著

经济管理出版社

ECONOMY & MANAGEMENT PUBLISHING HOUSE

图书在版编目（CIP）数据

包容型领导对下属创造力的影响机制研究/古银华著. —北京：经济管理出版社，2020.6
ISBN 978-7-5096-7164-1

Ⅰ.①包… Ⅱ.①古… Ⅲ.①企业领导学—研究 Ⅳ.①F272.91

中国版本图书馆 CIP 数据核字（2020）第 093147 号

组稿编辑：宋　娜
责任编辑：宋　娜　张馨予　张鹤溶
责任印制：黄章平
责任校对：陈　颖

出版发行：经济管理出版社
　　　　　（北京市海淀区北蜂窝 8 号中雅大厦 A 座 11 层　100038）
网　　址：www.E-mp.com.cn
电　　话：(010) 51915602
印　　刷：唐山昊达印刷有限公司
经　　销：新华书店
开　　本：720mm×1000mm/16
印　　张：17.5
字　　数：251 千字
版　　次：2020 年 9 月第 1 版　　2020 年 9 月第 1 次印刷
书　　号：ISBN 978-7-5096-7164-1
定　　价：98.00 元

本书获得了中国博士后科学基金资助项目"中国组织情境下包容型领导的双路径作用机制追踪研究"（项目编号：2016M601513）、国家自然科学基金项目"中国组织情景下精神型领导的内涵、测量及其有效性"（项目编号：71502141）的资助。

序 言

博士后制度在我国落地生根已逾30年，已经成为国家人才体系建设中的重要一环。30多年来，博士后制度对推动我国人事人才体制机制改革、促进科技创新和经济社会发展发挥了重要的作用，也培养了一批国家急需的高层次创新型人才。

自1986年1月开始招收第一名博士后研究人员起，截至目前，国家已累计招收14万余名博士后研究人员，已经出站的博士后大多成为各领域的科研骨干和学术带头人。其中，已有50余位博士后当选两院院士；众多博士后入选各类人才计划，其中，国家百千万人才工程年入选率达34.36%，国家杰出青年科学基金入选率平均达21.04%，教育部"长江学者"入选率平均达10%左右。

2015年底，国务院办公厅出台《关于改革完善博士后制度的意见》，要求各地各部门各设站单位按照党中央、国务院决策部署，牢固树立并切实贯彻创新、协调、绿色、开放、共享的发展理念，深入实施创新驱动发展战略和人才优先发展战略，完善体制机制，健全服务体系，推动博士后事业科学发展。这为我国博士后事业的进一步发展指明了方向，也为哲学社会科学领域博士后工作提出了新的研究方向。

习近平总书记在2016年5月17日全国哲学社会科学工作座谈会上发表重要讲话指出：一个国家的发展水平，既取决于自然科学发展水平，也取决于哲学社会科学发展水平。一个没有发达的自然科学的国家不可能走在世界前列，一个没有繁荣的哲学社会科学的国家也不可能走在世界前列。坚持和发展中国特色社会主义，需要不断在实践中和理论上进行探索、用发展着的理论指导发展着的实践。在这个过程中，哲学社会科学具有不可替代的重要地位，哲学社会科学工作者具有不可替代的重要作用。这是党和国家领导人对包括哲学社会科学博士后在内的所有哲学社会科学领域的研究者、工作者提出的殷切希望！

中国社会科学院是中央直属的国家哲学社会科学研究机构，在哲学社会科学博士后工作领域处于领军地位。为充分调动哲学社会科学博士后研究人员科研创新的积极性，展示哲学社会科学领域博士后的优秀成果，提高我国哲学社会科学发展的整体水平，中国社会科学院和全国博士后管理委员会于2012年联合推出了《中国社会科学博士后文库》（以下简称《文库》），每年在全国范围内择优出版博士后成果。经过多年的发展，《文库》已经成为集中、系统、全面反映我国哲学社会科学博士后优秀成果的高端学术平台，学术影响力和社会影响力逐年提高。

下一步，做好哲学社会科学博士后工作，做好《文库》工作，要认真学习领会习近平总书记系列重要讲话精神，自觉肩负起新的时代使命，锐意创新、发奋进取。为此，需做到：

第一，始终坚持马克思主义的指导地位。哲学社会科学研究离不开正确的世界观、方法论的指导。习近平总书记深刻指出：坚持以马克思主义为指导，是当代中国哲学社会科学区别于其他哲学社会科学的根本标志，必须旗帜鲜明加以坚持。马克思主义揭示了事物的本质、内在联系及发展规律，是"伟大的认识工具"，是人们观察世界、分析问题的有力思想武器。马克思主义尽管诞生在一个半多世纪之前，但在当今时代，马克思主义与新的时代实践结合起来，越来越显示出更加强大的生命力。哲学社会科学博士后研究人员应该更加自觉地坚持马克思主义在科研工作中的指导地位，继续推进马克思主义中国化、时代化、大众化，继续发展 21 世纪马克思主义、当代中国马克思主义。要继续把《文库》建设成为马克思主义中国化最新理论成果宣传、展示、交流的平台，为中国特色社会主义建设提供强有力的理论支撑。

第二，逐步树立智库意识和品牌意识。哲学社会科学肩负着回答时代命题、规划未来道路的使命。当前中央对哲学社会科学愈加重视，尤其是提出要发挥哲学社会科学在治国理政、提高改革决策水平、推进国家治理体系和治理能力现代化中的作用。从 2015 年开始，中央已启动了国家高端智库的建设，这对哲学社会科学博士后工作提出了更高的针对性要求，也为哲学社会科学博士后研究提供了更为广阔的应用空间。《文库》依托中国社会科学院，面向全国哲学社会科学领域博士后科研流动站、工作站的博士后征集优秀成果，入选出版的著作也代表了哲学社会科学博士后最高的学术研究水平。因此，要善于把中国社会科学院服务党和国家决策的大智库功能与《文库》的小智库功能结合起来，进而以智库意识推动品牌意识建设，最终树立《文库》的智库意识和品牌意识。

第三，积极推动中国特色哲学社会科学学术体系和话语体系建设。改革开放 30 多年来，我国在经济建设、政治建设、文化建设、社会建设、生态文明建设和党的建设各个领域都取得了举世瞩目的成就，比历史上任何时期都更接近中华民族伟大复兴的目标。但正如习近平总书记所指出的那样：在解读中国实践、构建中国理论上，我们应该最有发言权，但实际上我国哲学社会科学在国际上的声音还比较小，还处于"有理说不出、说了传不开"的境地。这里问题的实质，就是中国特色、中国特质的哲学社会科学学术体系和话语体系的缺失和建设问题。具有中国特色、中国特质的学术体系和话语体系必然是由具有中国特色、中国特质的概念、范畴和学科等组成。这一切不是凭空想象得来的，而是在中国化的马克思主义指导下，在参考我们民族特质、历史智慧的基础上再创造出来的。在这一过程中，积极吸纳儒、释、道、墨、名、法、农、杂、兵等各家学说的精髓，无疑是保持中国特色、中国特质的重要保证。换言之，不能站在历史、文化虚无主义立场搞研究。要通过《文库》积极引导哲学社会科学博士后研究人员：一方面，要积极吸收古今中外各种学术资源，坚持古为今用、洋为中用。另一方面，要以中国自己的实践为研究定位，围绕中国自己的问题，坚持问题导向，努力探索具备中国特色、中国特质的概念、范畴与理论体系，在体现继承性和民族性、体现原创性和时代性、体现系统性和专业性方面，不断加强和深化中国特色学术体系和话语体系建设。

新形势下，我国哲学社会科学地位更加重要、任务更加繁重。衷心希望广大哲学社会科学博士后工作者和博士后们，以《文库》系列著作的出版为契机，以习近平总书记在全国哲学社会科学座谈会上的讲话为根本遵循，将自身的研究工作与时代的需求结合起来，将自身的研究工作与国家和人民的召唤结合起来，以深厚的学识修养赢得尊重，以高尚的人格魅力引领风气，在为祖国、为人民立德立功立言中，在实现中华民族伟大复兴中国梦的征程中，成就自我、实现价值。

是为序。

王京清

中国社会科学院副院长

中国社会科学院博士后管理委员会主任

2016 年 12 月 1 日

摘　要

　　在政治多极化和经济全球化背景下，企业面临的不确定性越来越高，企业的生命周期越来越短。创新正日益成为企业生存与发展的动力和源泉，越来越多的企业家发出感慨："不创新只有死路一条。"然而，企业的创新依赖于员工的创造力。因此，"如何提高员工的创造力"成为组织管理理论与实践的热门话题。领导者作为组织管理的关键和灵魂，领导力对员工创造力的影响自然备受关注。不少学者研究了领导风格（比如魅力型领导和变革型领导）对下属创造力的影响，结果表明：魅力型领导对员工创造力的影响存在较大争议。虽然大部分研究证实变革型领导能显著影响员工创造力，但也有学者指出它们之间的关系并不显著。到底什么样的领导风格更能够促进员工提高创造力呢？领导风格是通过什么机制对下属创造力产生作用的呢？又是什么原因导致领导风格对下属创造力的影响不稳定呢？为了解开这些疑惑，本书将一种新型的关系型领导风格——包容型领导引入"领导力—创造力"研究领域，探索包容型领导与下属创造力之间的关系。

　　本书基于组织支持理论和领导力—创造力模型提出了一个有调节的多重中介模型，比较深入地探讨了包容型领导对下属创造力的作用机制。本书主要对以下内容进行研究：第一，相关构念的文献研究。具体包括：对包容型领导、创造力、团队心理安全感、下属依赖和权力距离等相关研究的文献进行梳理与评析；对这些构念的定义、维度、测量工具等进行概括和比较之后，将它们进行操作化定义，并选择（借鉴或修订）更加适合在中国文化背景下进行研究的测量工具。第二，包容型领导与下属创造力的关系研究。具体包括：通过对包容型领导和下属创造力进行相关性分析和回归分析，检验包容型领导对下属创造力的作用是否显著，并进一步明确其作用的大小及方向。第三，包容型领导与下属创造力的传导机制研究。具体包括：探索团队心理安全感是否在包容型领导与下属创造力之间起着传导作用，下属依赖及其各维度是否在包容型领导与下属创造力之间起着传导作用，并进一步研究各个传导路径的共同作用和各个传导作用之间的区别。第四，包容型领导与下属创造力作用机制的情境条件研究。具体包括：探讨不同权力距离的员工在包容型领导与团队心理安全感的关系上是否表现一致，权力距离是否对团队心理安全感发挥的传导作用有显著影响等。第五，提出并验证下属依赖包含下属认知依赖和下属动机依赖两个维度。具体包括：下属依赖划分为下属认知依赖和下属动机依赖的理论依据；下属依赖构念及其测量工具在中国文化背景下的适应性研究；如何对下属认知依赖和下属动机依赖进行概念界定，它们的测量工具如何产生及信度效度如何；两个维度在同样的情境下是否表现出同样的规律等。第六，影响员工创造力的其他因素探讨。除了探讨包容型领导、团队心理安全感和下属依赖对员工创造力的影响外，本书还分析了性别、年龄、受教育程度、工龄和与领导共事时间等因素对员工创造力的影响。

本书主要采用了文献研究法和实证研究法，使用 SPSS21.0 和 AMOS17.0 等统计软件进行数据统计和分析。为了充分掌握包容型领导、创造力、领导力—创造力关系、团队心理安全感、下属依赖和权力距离等相关研究领域的研究现状，更加准确地把握研究的核心和关键，本书采用了文献研究法对相关文献进行梳理，对主要变量的内涵、维度、测量工具、前因变量、作用效应等内容进行归纳，并进一步总结和提炼出相关研究的框架，分析相关研究的现状与不足。笔者在文献研究的基础上，理清了研究思路，提出了理论模型和研究假设，并进行了实证研究。首先对主要变量进行操作化定义，选择适合的测量工具，采用回译的方法将测量工具翻译为中文，进而设计好调查问卷；其次通过预测试来检验各量表的信度和效度，提纯和完善测量工具；再次发放问卷，收集数据并进行数据质量评估；最后分析数据，验证理论模型和研究假设。

本书的主要研究结论有：第一，包容型领导正向影响下属创造力。第二，团队心理安全感、下属认知依赖和下属动机依赖的多重中介作用显著。第三，权力距离的调节作用显著。权力距离负向调节包容型领导与团队心理安全感之间的关系，并且负向调节团队心理安全感在包容型领导与下属创造力之间的中介作用。第四，下属依赖可分为下属认知依赖和下属动机依赖两个维度，而且包容型领导对下属认知依赖和下属动机依赖的影响方向不同。第五，性别和工龄对创造力的影响显著。

本书的理论意义在于：第一，丰富了领导风格理论和"领导力—创造力"模型的研究内容；拓展了包容型领导的后因变量及与组织绩效的关系研究；完善了创造力的影响因素研究。第二，响应前人的呼吁，对一些研究方法进行了实践。比如，响应了 Beyer（1999）、Yukl（1999）、Eisenbeiß 和 Boerner（2013）等的呼吁，同时从正反两方面来探讨领导风格带来的积极影响和消极影响；又如，响应 Zhao 等（2010）的呼吁，并参照 Preacher 和 Hayes（2008）提出的多重中介效应检验方法来实践近些年推出的 Bootstrap 检验方法。第三，检验了"下属依赖"和"包容型领导"两个构念及其测量工具在中国文化背景下的适用性。

本书的实践意义在于：第一，为增强员工的创造力提供新途径和新思路。本书对包容型领导、团队心理安全感和下属依赖与下属创造力的关系进行探析，证实组织可通过优化组织环境（包容型领导）、满足员工社会心理需求（团队心理安全感）和排除心理障碍（下属依赖）来提高员工的创造力。第二，本书对包容型领导对下属创造力的影响路径进行比较研究，研究结果可为制定提高员工创造力的措施提供科学依据。本书不仅从多路径探讨包容型领导对下属创造力的作用机制，而且对各个路径进行了比较研究。明确了哪些路径对提高下属创造力更加有效后，能够提高相关决策的科学性和增强管理的有效性。第三，研究结果可为在人力资源管理实践中选拔创造性员工提供依据。本书还研究了权力距离、性别、年龄、工龄、文化程度等个体特征对创造力的影响，研究结果可为选拔创造性人才提供参考。

关键词：包容型领导；下属创造力；团队心理安全；下属依赖；权力距离

Abstract

Under the background of political multi-polarization and economic globalization, the uncertainty faced by enterprises is getting higher and higher, and enterprises' life cycle is getting shorter. Innovation is increasingly becoming the motivation and source for enterprises' survival and development, therefore, more and more entrepreneurs claim: Innovation, or death. However, the innovation of the enterprises has to rely on employee creativity. Therefore, how to improve the staff's creativity has become a hot topic in theory and practice of organizational management. As the key part and the soul of organizational management, the impact of leadership on employee creativity draws great attention naturally. Many scholars focus on the influence on followers' creativity from the perspective of charismatic leadership or transformational leadership, etc. However, the results from their research show that the impact from the charismatic leadership on employee creativity is still on dispute; while though most studies have confirmed that the transformational leadership can significantly affect the employees' creativity, some scholars also pointed out that the relationship between them was not that significant. Then, what leadership style is more able to improve employees' creativity? How leadership style is to exert influence on the creativity of the staff? Also, why the influence of leadership on followers' creativity is not stable? To unravel these puzzles, this study will explore the relationship between inclusive leadership and followers' creativity.

Based on the organizational support theory and the leadership-creativity model, this study put forward a moderated mediation model and deeply discusses the function mechanism of the inclusive leadership to the followers' creativity. The following are mainly studied: Firstly, the literature study of related constructs. Specifically, this study combs and evaluates the related literature researches of inclusive leadership, creativity, team psychological security, followers' dependency and power distance. After generalizing and comparing these constructs' definitions, dimensions, measuring tools, etc., they are defined operationally and selected (reference or revised) measurement tools that are more suitable for research in the context of Chinese culture. Secondly, the relationship study between inclusive leadership and followers' creativity. Specifically, through correlation analysis and regression analysis of inclusive leadership and followers' creativity, it is possible to examine whether inclusive leadership plays a significant role in followers' creativity, and further clarify the size and direction of its role. Thirdly, the conduction mechanism study of inclusive leadership and followers' creativity. Specifically, it explores whether the team's psychological security plays a conduction role between inclusive leadership and followers' creativity, and whether followers' dependency and its various dimensions play a conduction role between inclusive leadership and followers' creativity. Further research is made on the common action of each conduction path and the difference between each conduction action. Fourthly, the contextual conditions study of inclusive leadership and followers' creativity's mechanism. Specifically, it includes exploring whether employees with different power distances are consistent in the relationship between inclusive leadership and team psychological security, and whether the power distance has a significant impact on the conduction of the team's psychological security and so on. Fifthly, proposing and verifying that followers' dependency includes two dimensions: followers' cognitive dependency and followers' motivation dependency. Specifically including: the theoretical basis that followers's dependency is divided into followers' cognitive dependency and followers' motivation dependency; the adaptive study of followers' dependency on concepts and their measurement tools under Chinese cultural background; how to define the cognitive dependency of follow- ers's and the motivation dependency of followers's, how their measurement tools are produced and how about their reliability and validity; and whether the two dimensions show the same regularity in the same regularity in the same sit- uation, and so on. Sixthly, discussing other factors that affect employee creativ- ity. In addition to exploring the impact of inclusive leadership, team psychologi- cal security and followers' dependency on employee creativity, the study also analyses the impact of factors such as gender, age, education, seniority, and working time with leaders on employee creativity.

The study mainly adopts literature research and empirical study methods, and analyzes the data using the statistical software of SPSS21.0 and AMOS17.0. This study consists of 15 research hypotheses, with 11 of them as the pioneer- ing, 4 as the verification. The test results found that seven pioneering hypothe- ses got full support, two pioneering assumptions got partial support, two other pioneering hypotheses are not supported, and four confirmatory assumptions are fully supported. Conclusions of this study are as follows: Firstly, inclusive leadership has a positive effect on followers' creativity. Secondly, there is a significant multiple mediation effect of team psychological safety, followers' cognitive dependency and followers' motivation dependency in the action mecha- nism of inclusive leadership and followers' creativity. Thirdly, in the relation between inclusive leadership and team psychological safety, power distance has a negative moderating effect. And on the mediation effect of team psychological safety between inclusive leadership and followers' creativity, power distance al- so has a negative moderating effect. Fourthly, the construct of followers' depen- dency can be divided into two dimensions: followers' cognitive dependency and followers' motivation dependency. And the influence of inclusive leadership on followers' cognitive dependency and followers' motivation dependency has two different directions. Fifthly, gender and length of service can affect employee creativity significantly.

The main research content is as follows: Firstly, inclusive leadership has a positive impact on followers' creativity. Secondly, the multiple mediating effects of team psychological security, followers' cognitive dependency and followers' motivation dependency are significant. Thirdly, power distance has a significant moderating effect. Power distance negatively moderates the relationship between inclusive leadership and team psychological security, and negatively moderates the mediating role of team psychological security between inclusive leadership and followers' creativity. Fourthly, followers' dependency can be divided into two dimensions: followers' cognitive dependence and followers' motivation dependency. Moreover, the influence direction of inclusive leadership on followers' cognitive dependency and followers' motivation dependency is different. Fifthly, gender and seniority have significant effects on creativity.

The theoretical significance of this study lies in the following aspects: Firstly, it enriches the research contents of leadership style theory and "Leadership-Creativity" model; it expands the research on the post dependent variables of inclusive leadership and its relationship with organizational performance; and it improves the research on influencing factors of creativity. Secondly, in response to the call of predecessors, some research methods are put into practice. For example, in response to the appeals of Beyer (1999), Yukl (1999), Eisenbei ß & Boerner (2013), this paper discusses the positive and negative effects of leadership style from both positive and negative aspects; next, according to the appeal of Zhao, Lynch & Chen (2010), and referring to the multiple mediating effect test method proposed by Preacher & Hayes (2008), the Bootstrap Test method introduced in recent years is practiced. Thirdly, it tests the applicability of the two constructs of "followers' dependency" and "inclusive leadership" and their measurement tools in the context of Chinese culture.

The practical significance of this study lies in: Firstly, it provides new ways and new ideas to enhance the creativity of employees. This study explores the relationship between inclusive leadership, team psychological security, followers' dependency and followers' creativity, which can improve employees' creativity by optimizing organizational environment (inclusive leadership), meeting employees' social psychological needs (team psychological security) and removing psychological barriers (followers' dependency). Secondly, this study makes a comparative study on the influence path of inclusive leadership on followers' creativity, and the results can provide scientific basis for formulating measures to improve employee creativity. This study not only explores the mechanism of inclusive leadership on followers' creativity from multiple paths, but also makes a comparative study of each path. After clarifying which path is more effective to improve the creativity of followers, it can improve the scientificity of relevant decision-making and enhance the effectiveness of management. Thirdly, the research results can provide the basis for the selection of creative employees in the human resource management practice. This paper also studies the influence of power distance, gender, age, seniority, education level and other individual characteristics on creativity. The results can provide reference for the selection of creative talents.

Key Words: Inclusive Leadership; Follower' Creativity; Team Psychological Safety; Follower' Dependency; Power Distance

目　录

Contents

Contents

第一章　绪论

第一节　研究背景

"包容"和"创新"已成为 21 世纪的两大热词。无论是联合国千年发展目标[1]还是博鳌亚洲论坛，都十分强调包容、创新等理念。近年来，这两个词也成为中国政治、经济、文化等领域的热门话题。在我国各地提炼出的城市精神中包容和创新两大理念备受青睐，尤其是在北京[2]、天津、广州、成都等地同时将这两个词纳入城市精神，可见包容和创新两大理念在国内外都有着举足轻重的地位。

一、包容性发展和包容性增长符合国际国内形势需求

在经济全球化和世界多极化的背景下，各国间的关系从零和博弈逐步转向合作博弈。越来越多的国家认识到，要实现各国人民和睦相处、增加

---

[1] 联合国千年发展目标是联合国通过的一项旨在将全球贫困水平在 2015 年之前降低一半（以 1990 年的水平为标准）的行动计划。2000 年 9 月联合国首脑会议上，由 189 个国家签署了《联合国千年宣言》，正式做出此项承诺。

[2] 北京精神：爱国、创新、包容、厚德。作为城市精神，它是首都人民长期发展建设实践过程中所形成的精神财富的概括和总结。

共识、减少摩擦、共同发展，就必须在政治、经济和文化等领域充分发扬以和为贵、和而不同的思想。这不但是中国传统文化思想的精髓所在，而且是我国外交新理念"持久和平、和谐世界"的哲学基础。2014 年 3 月，国家主席习近平在巴黎联合国教科文组织总部发表重要演讲，指出文明是包容的，人类文明因包容才有交流互鉴的动力。全球金融危机的深层次影响仍未消除，我国又正处于经济增长方式的转型时期，倡导和推荐包容性发展和包容性增长既有利于我国长足发展又顺应国际形势需求。包容性发展被选定为博鳌亚洲论坛 2011 年年会的主题，强调要使所有国家共享全球化带来的利益，使所有人群（尤其是弱势群体和欠发达国家）共享经济增长所产生的财富。早在 2007 年，包容性增长这一概念由亚洲开发银行率先提出，其基本含义是强调要做到公平而且合理地分享经济增长，呼吁无论是社会还是经济都需要协调发展和可持续发展，这完全不同于单纯追求经济增长的理念。2014 年 5 月，国务院总理李克强在阿布贾出席了第24 届世界经济论坛非洲峰会全会，此次非洲之行的一大关键词正是包容性增长。

二、创新成为国家竞争优势的来源和企业持续发展的关键

战胜全球金融危机的另一条重要途径就是创新[1]。越来越多的国家认识到创新是国家竞争优势的来源。从国家经济发展的阶段来看[2]，不少发达国家早已进入创新驱动发展阶段。目前，我国创新能力最强和经济发展最好的北京、上海、广东、江苏和浙江等地区基本上已经步入创新驱动阶段。[3]中共中央于 2013 年 11 月颁布了《全面深化改革若干重大问题的决

---

① 陈劲、郑刚：《创新管理——赢得持续竞争优势（第二版）》，北京大学出版社 2013 年版。
② 迈克尔·波特提出国家经济发展分为要素驱动、投资驱动、创新驱动和财富驱动四个阶段。
③ 中共四川省委组织部：《创新驱动发展战略》，四川人民出版社 2014 年版。

定》，其中创新一词出现了 44 次，是整个文件中出现频率最高的关键词之一。2014 年在两院院士大会上，习近平总书记强调我国科技发展的方向是"创新、创新、再创新"。由此可见，创新在深化改革和科技发展中有着举足轻重的作用。

在知识经济时代的大背景下，创新成为企业生存与发展的动力和源泉。在快速变革的环境下，企业面临的不确定性越来越高，企业的生命周期越来越短。十年前的世界五百强企业中，大约 40% 的企业已经不复存在；三十年前的世界五百强企业中，60% 的企业已经销声匿迹；在 1900 年入围道琼斯指数的 12 家企业中，只剩下通用电气一枝独秀。导致企业破产倒闭的原因有千百种，但确保企业长盛不衰的法宝只有几种。总结这些成功企业（尤其是百年企业）的经验，不难发现，它们的秘籍之一就是拥有了正确的企业精神和价值观——创新。苹果公司的成功之道依然来源于创新，在全球最佳创新企业的评选中，它始终保持领先地位。苹果公司总是勇于否定和超越自己，不断地推出更具魅力的新产品，2012 年其市场价值已高达 6000 亿美元，超过了谷歌和微软两家公司的总和。[①] 越来越多的企业家发出感慨，在竞争激烈的今天，不创新只有死路一条。

第二节　问题提出及研究内容

企业的持续发展需要不断地创新，而创新依赖于员工的创造力。因此，如何才能提高员工的创造力成为了热门话题。在人力资源管理实践中，不少企业从人才选拔、人才培养、绩效考评和薪酬激励等方面鼓励创新和青睐创造力强的员工。为了给员工创新提供更加优越的环境，管理者也在不断转变观念、调整管理风格、提升自我素质和修养。十余年来，对

---

① 陈劲、郑刚：《创新管理——赢得持续竞争优势（第二版）》，北京大学出版社 2013 年版，第 9 页。

创造力的研究取得了可喜的成就，这一领域逐步羽翼丰满。Zhou 和 Shalley（2007）指出："十年前（创造力研究）的土壤和种子已经变成了美丽的花园，当前是创造力研究的又一个至关重要的节点。"

员工的创造力受到很多因素的影响。有学者指出，领导者作为组织管理的关键和灵魂，可以激发员工 40% 的工作积极性。[①] 因此，领导力对创造力的影响研究备受关注，并形成较为统一的研究框架，逐步成为一个专门的研究领域（Tierney，2006）。近些年，众多的领导理论相继提出，其中魅力型领导、变革型领导和真实型领导等领导风格与创造力的关系都得到了研究者的青睐。

在政治多极化、经济全球化、教育多元化等背景下，各领域因差异化而带来的矛盾和冲突日益加剧。于是，"包容性"理念逐步成为化解冲突的重要思路。Nembhard 和 Edmondson（2006）把包容性引入到管理学领域，提出了包容型领导（Inclusive Leadership）这一概念。通过近十年来的发展，包容型领导作为一种新型的领导方式或风格得到了学术界和实践界的认可。不少学者探讨了包容型领导对组织绩效产生的积极影响，但基本上局限于对任务绩效的研究，尚未有学者证实包容型领导对组织的创造性绩效是否有影响。

包容型领导是否和其他领导风格一样对创造力有显著影响呢？如果有影响，那么影响的方向和大小各是什么情况呢？又是在什么条件下通过什么路径产生影响的呢？为了解答这些疑问，本书基于社会交换理论、组织支持理论、领导力—创造力理论、社会学习理论等，探索包容型领导对下属创造力的作用机制。

主要研究内容如下：

第一，相关构念的文献研究。具体包括：对包容型领导、创造力、团队心理安全感、下属依赖和权力距离等相关研究的文献进行梳理与评析；

---

① 朱瑜、钱姝婷：《包容型领导研究前沿探析与未来展望》，《外国经济与管理》2014 年第 2 期，第 55 页。

对这些构念的定义、维度、测量工具等进行概括和比较之后，将它们进行操作化定义，并选择（借鉴或修订）更加适合在中国文化背景下进行研究的测量工具。

第二，包容型领导与下属创造力的关系研究。具体包括：通过对包容型领导和下属创造力进行相关性分析和回归分析，检验包容型领导对下属创造力的作用是否显著，并进一步明确其作用的大小及方向。

第三，包容型领导与下属创造力的传导机制研究。具体包括：探索团队心理安全感是否在包容型领导与下属创造力之间起着传导作用，下属依赖及其各维度是否在包容型领导与下属创造力之间起着传导作用，并进一步研究各个传导路径的共同作用和各个传导作用之间的区别。

第四，包容型领导与下属创造力作用机制的情境条件研究。具体包括：探讨不同权力距离的员工在包容型领导与团队心理安全感的关系上是否表现一致，权力距离是否对团队心理安全感发挥的传导作用有显著影响；等等。

第五，提出并验证下属依赖包含下属认知依赖和下属动机依赖两个维度。具体包括：下属依赖划分为下属认知依赖和下属动机依赖的理论依据；下属依赖构念及其测量工具在中国文化背景下的适应性研究；如何对下属认知依赖和下属动机依赖进行概念界定，它们的测量工具如何产生及信度效度如何；两个维度在同样的情境下是否表现出同样的规律；等等。

第六，影响员工创造力的其他因素探讨。除了探讨包容型领导、团队心理安全感和下属依赖对员工创造力的影响外，本书还分析了性别、年龄、受教育程度、工龄和与领导共事时间等因素对员工创造力的影响。

第三节 研究意义

一、理论意义

1. 进一步丰富相关研究的研究内容

主要表现在：①拓展了领导风格理论和"领导力—创造力"模型的研究内容。本书在变革型领导、魅力型领导和真实型领导等领导风格之后，证实了另一种新型的领导风格——包容型领导对下属创造力的影响，这丰富了"领导力—创造力"框架下的研究内容。②拓展了包容型领导的后因变量及与组织绩效的关系研究。以前关于包容型领导的研究主要关注了其对组织的任务绩效的影响，本书将包容型领导对组织的影响范围扩展到了创新绩效，丰富了包容型领导的后因变量研究。③拓展了创造力的影响因素研究。尚未发现有学者对包容型领导对下属创造力的影响进行实证研究，本书将包容型领导作为下属创造力的前因变量进行了研究。

2. 响应前人的呼吁，对一些研究方法进行了实践

主要体现在：①响应了 Beyer（1999）、Yukl（1999）、Eisenbeiß 和 Boerner（2013）等的呼吁，同时从正反两方面来探讨领导风格带来的积极影响和消极影响。②响应 Zhao、Lynch 和 Chen（2010）等的呼吁，并参照 Preacher 和 Hayes（2008）提出的多重中介效应检验方法来实践近些年推出的 Bootstrap 检验方法。

3. 在中国文化背景下发展了"下属依赖"理论

在中国文化背景下检验了"下属依赖"构念及其测量工具的适用性，进一步验证"包容型领导"构念及其测量工具的适用性。包容型领导和下属依赖是两个比较新的概念，国内外对它们的研究也刚刚起步，特别是下

属依赖构念，尚未检索到有国内学者对其进行实证研究。因此，本书对"下属依赖"构念及其测量工具在中国文化背景下的适用性进行检验，对下属依赖理论的发展具有一定的理论意义。

二、实践意义

1. 为增强员工的创造力提供了新途径和新思路

本书对包容型领导、团队心理安全感和下属依赖与下属创造力的关系进行了探析，证实组织可通过优化组织环境（包容型领导）、满足员工社会心理需求（团队心理安全感）和排除心理障碍（下属依赖）来提高员工的创造力。

2. 为制定提高员工创造力的措施提供科学依据

本书对包容型领导对下属创造力的影响路径进行比较研究，研究结果可为制定提高员工创造力的措施提供科学依据。本书不仅从多路径探讨包容型领导对下属创造力的作用机制，而且对各个路径进行了比较研究，明确了哪些路径对提高下属创造力更加有效后，能够提高相关决策的科学性和增强管理的有效性。

3. 为人力资源管理实践中选拔创造性员工提供依据

本书还研究了权力距离、性别、年龄、工龄、文化程度等个体特征对创造力的影响，研究结果可为选拔创造性人才提供参考。

第四节 研究方法和技术路线

本书主要采用文献研究法和实证研究法。数据统计和分析主要使用SPSS21.0 和 AMOS17.0 等统计软件。

第一，文献研究法。为了充分掌握包容型领导、创造力、领导力—创造力关系、团队心理安全感、下属依赖和权力距离等相关研究领域的研究现状，更加准确地把握研究的核心和关键，本书采用文献研究法对相关文献进行梳理，对主要变量的内涵、维度、测量工具、前因变量、作用效应等内容进行归纳，并进一步总结和提炼出相关研究的框架，分析相关研究的现状与不足。笔者在文献研究的基础上，理清研究思路，并提出理论模型和研究假设。

第二，实证研究法。为了验证理论模型和研究假设，本书进行了实证研究。首先，对主要变量进行操作化定义，选择适合的测量工具，采用回译（Back Translation）的方法将测量工具翻译为中文，进而设计好调查问卷；其次，通过预测试来检验各量表的信度和效度，提纯和完善测量工具；再次，发放问卷，收集数据并进行数据质量评估；最后，分析数据，验证理论模型和研究假设。

本书的技术路线如图 1-1 所示。

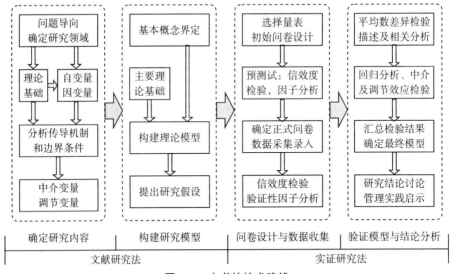

图 1-1　本书的技术路线

第五节　结构安排

本书共分为六章，具体安排如下：

第一章，绪论。本章介绍研究的总体情况，具体从五个部分进行阐述：第一节对与本书相关的政治、经济、文化等宏观环境和企业发展面临的微观环境进行了介绍；第二节提出了本书要解决的问题和具体研究内容；第三节至第五节对本书的理论意义、实践意义、研究方法、技术路线和结构安排等进行了一一介绍。

第二章，相关理论与文献综述。本章对相关理论和主要变量的研究现状进行述评，为本书的探索打下坚实的理论基础。具体从八个部分进行阐述：第一节对社会交换理论、组织支持理论、领导力—创造力理论和社会学习理论进行介绍，这些理论是本书的重要支撑；第二节至第七节分别对包容型领导、组织创造力、领导力与员工创造力的关系、下属依赖、团队心理安全和权力距离进行文献述评，重点梳理这些构念的定义、维度、测量工具和主要的实证研究；第八节对研究现状进行概括和评析。

第三章，概念模型与研究假设。本章构建本书的概念模型，并提出相关的研究假设，具体从四个部分进行阐述：第一节对本书的核心概念进行逐一界定，以明确具体的研究领域，并为后续的实证研究打下基础；第二节基于组织支持理论和领导力—创造力理论两个视角推演出本书的理论模型；第三节根据理论模型和相关理论推导出相关的研究假设；第四节对研究假设进行汇总。

第四章，问卷设计与预测试。本章设计调查问卷，并通过预测试来提纯量表和完善问卷设计。具体从五个部分进行阐述：第一节介绍问卷调查的总体设计情况；第二节为各变量确定测量工具，并在此基础上形成初始问卷；第三节和第四节介绍小样本检验过程，并通过数据分析提纯量表；

第五节根据预测试结果修正和完善问卷，为正式调研做好准备。

第五章，数据分析与假设检验。本章进行正式调研，通过收集并分析数据，逐一检验研究假设，验证理论模型。具体从七个部分进行阐述：第一节介绍大样本数据的收集和叙述统计情况；第二节对大样本数据进行质量评估，为数据分析打下基础；第三节至第六节分别进行平均数差异检验、回归分析、多重中介效应检验和调节效应检验；第七节汇总检验结果，并根据研究结果确定最终模型。

第六章，研究结论与展望。本章根据检验结果得出研究结论，并进行讨论和展望。具体从三个部分进行阐述：第一节对研究结论进行总结和讨论；第二节阐述研究结论对管理实践的启示；第三节指出本书存在的局限和不足，并对未来的相关研究进行展望。

第二章　相关理论与文献综述

本书第一章介绍了整个研究的总体情况。本章将对相关理论和主要变量的研究现状进行述评，为本书的探索打下坚实的理论基础。具体从八个部分进行阐述：第一节对社会交换理论、组织支持理论、领导力—创造力理论和社会学习理论进行介绍，这些理论是本研究的重要支撑；第二节至第七节将分别对包容型领导、组织创造力、领导力与员工创造力的关系、下属依赖、团队心理安全和权力距离进行文献述评，重点梳理这些构念的定义、维度、测量工具和主要的实证研究；第八节对研究现状进行概括和评析。

第一节　相关理论

一、社会交换理论

社会交换理论（Social Exchange Theory）形成于 20 世纪 50 年代末，主要的代表人物有 Homans（1958）、Blau（1956，1964）等。社会交换理论认为，人与人之间的关系就是一种交换关系，社会就是个体行为以及行为交换的结果。经济人假设不能完全反映人的真实状况，人除了追求利益最大化的物质交换外，还需要进行非物质交换，比如信息、声誉和情感等①。

人们在社会交换过程中必须遵循一定的原则，其中互惠原则起着重要的作用。互惠原则是指如果接受过他人的帮助，就应当帮助而且不应该伤害这些人（Gouldner，1960）。员工与其所在的组织之间也遵循这个规律，Cropanzano 和 Mitchell（2005）指出，当员工在组织中获得经济和社会情感资源后，就会产生一种回报组织的责任意识。

社会交换还有一个十分重要的基础和前提——信任。Blau（1968）指出，社会交换是一种未来的责任关系，当给予他人帮助或恩惠时会期望对方在将来给予回报，而这种期望建立在信任对方的基础之上。因此，信任便成为社会交换理论的核心内容之一。

将社会交换理论运用于组织行为学研究催生了一些新的理论。组织行为学领域的社会交换理论研究集中在三个方面：第一，组织与员工的社会交换关系研究，即用组织支持与员工的积极产出相交换，这便形成了组织支持理论（POS）；第二，领导与员工的社会交换关系研究，即通过领导的言行换取员工的积极产出，这便形成了领导成员交换关系理论（LMX）；第三，同事间的社会交换关系研究，这便形成了团队成员交换理论（TMX）。无论是哪一种交换，互惠原则都是其基本要求和前提，在社会交换过程中都以信任或公平为桥梁。

二、组织支持理论

组织支持理论（Perceived Organizational Support，POS）以社会交换理论和互惠原则为基础，是由美国社会心理学家 Eisenberger 等（1986）提出来的。组织支持（或称组织支持感）是指员工对组织如何看待他们的贡献、关心他们的利益的感知。换而言之，是指员工对来自组织方面的支持

---

① Blau P.M.，"Social mobility and interpersonal relations"，*American Sociological Review*，Vol.21，No. 3，1956，pp.290–295.

力度的感知。

组织支持理论的发展历程可以分为四个阶段：第一，从心理学角度提出的单维度概念阶段，以 Eisenberger 等（1986）为代表；第二，从行为学角度提出的多维度概念阶段，以 McMillin（1997）、Kraimer 和 Wayne（2004）为代表；第三，对多维度的组织支持进行相关关系研究阶段，以 Rhoades 和 Eisenberger（2002）为代表；第四，综合组织支持的多维度与因果变量相结合的研究阶段，以 Muse 和 Stamper（2007）为代表。①

研究表明，影响组织支持感的因素主要有公平、领导支持、组织奖赏和良好的工作条件，而组织支持感对组织或员工的作用主要体现在增强组织承诺、员工绩效（主要是关系绩效）、组织公民行为和降低离职意向、消极怠工、缺勤率和自愿离职等方面②。

为了测量组织支持感，Eisenberger 等（1986）开发了由 36 个题项组成的组织支持感问卷（SPOS），后来的研究者采用或者改编该量表进行了大量的实证研究。Eisenberger 等（1986）认为组织支持属于单维度构念，侧重于情感性支持。McMillin（1997）完善了 Eisenberger 等（1986）的研究，提出组织支持除了情感性支持（尊重支持和亲密支持）外，还有工具性支持（如设备、信息、工具、资源等）。Kraimer 和 Wayne（2004）通过对外派员工进行调查，指出组织支持共有三个维度，即感知适应性支持、感知事业性支持和感知经济性支持。

在国内，有学者提出中国员工的组织支持感分为生活支持和工作支持两个维度，而凌文辁等（2006）的研究表明，我国文化背景下企业员工的组织支持感分为三个维度，即对工作的支持、对利益的关心和对价值的认同。

---

① 邵芳：《组织支持理论研究述评与未来展望》，《经济管理》2014 年第 2 期，第 189 页。
② 凌文辁、杨海军、方俐洛：《企业员工的组织支持感》，《心理学报》2006 年第 38 卷第 2 期，第 281–287 页。

三、领导力—创造力理论

Tierney（2007）提出的领导力—创造力理论高度概括和整合了当前对领导力与员工创造力关系的相关研究，同时也为进一步研究提供了理论框架（见图 2-1）。

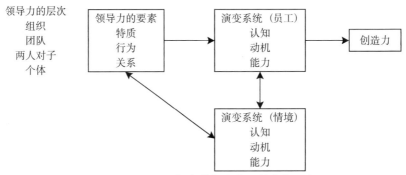

图 2-1　Tierney 提出的领导力—创造力理论

资料来源：［美］周京、莎莉主编：《组织创造力研究全书》，魏昕等译，北京大学出版社 2010 年版，第 76 页。

领导力—创造力理论指出，领导力有四个层次，即个体层面的领导力、两人对子层面的领导力、团队层面的领导力和组织层面的领导力。Kozlowski 和 Klein（2000）也曾提出领导力存在于多个层次上。当前检验领导力与创造力之间关系的研究基本上都发生在同一层次。比如，Madjar、Oldham 和 Pratt（2002），Oldham 和 Cummings（1996），Shin 和 Zhou（2003）探讨了个体导向的领导力对个体员工创造力的影响；Kahai、Sosik 和 Avolio（1997，2003）研究了团队层次上的领导力对团队创造力的影响。不过，也有学者探讨了领导力可能存在的跨层次的影响，如 Woodman 等（1993）。

领导力—创造力理论还表明，领导力是通过特质、行为和关系三个视角来影响演变系统（员工）和创造力的。领导力对演变系统（员工）的影响领域包含三个方面，即员工的认知、动机和能力。另外，领导力与创造力的关系还会受到情境因素的影响。[①]

四、社会学习理论

社会学习理论（Social Learning Theory）是由美国心理学家 Bandura（1977）提出来的，他认为个体可以通过观察他人和直接积累经验两种途径进行学习，即个体不仅能够通过自身的直接经验进行学习，而且可以通过观察、聆听发生在他人身上的事情来学习。社会学习理论认为，社会学习是个体为了满足社会需要而掌握社会知识、经验、行为规范和技能技巧的过程；个体的行为主要靠后天习得，可以通过观察特定情境下其他组织成员的行为来了解组织中的哪些行为可以被接受或不被接受，以调整自己的行为（Bandura，1977，1986）。

社会学习理论的核心内容是榜样。个体可以通过观察榜样（比如父母、教师、领导、同事、公众人物等）来进行学习。榜样发挥作用的过程可以划分为四个阶段：第一，注意阶段，即认识和注意到榜样身上的关键特征；第二，保持阶段，即记住榜样的行为；第三，动力复制阶段，即从看的过程转化为做的过程，这时个体能够实施榜样的特定行为；第四，强化阶段，即提供积极的诱因或奖励来激励个体实施所效仿的行为。[②]

[①]　［美］周京、莎莉：《组织创造力研究全书》，魏昕等译，北京大学出版社 2010 年版，第 76 页。
[②]　［美］斯蒂芬·P.罗宾斯、蒂莫西·A.贾奇：《组织行为学（第 14 版）》，孙健敏等译，中国人民大学出版社 2012 年版，第 185–186 页。

第二节 包容型领导的研究述评

一、包容和包容性的概念

1. 包容

包容（Inclusion）在中西方有着不同的内涵。在《牛津词典》中，"包容"是指"包括许多的"，或者"包括全部的"①。虽然包容理念源远流长，但在组织研究中它还是一个比较新的概念（Roberson，2006）。Shore（2011）指出，从现有的文献来看，研究者对包容的概念尚未达成共识。主要有以下几种观点：第一，将包容定义为"多元化的个体被鼓励参与组织活动、完成组织认为和使命并全力做出贡献的程度"（Miller，1998；Roberson，2006；Lirio，2008；Avery，2008）；第二，将包容定义为"个人觉得自己属于重要组织进程一部分的程度"（Mor-Barak and Cherin，1998）；第三，认为包容是"雇员在一个工作系统中被其他成员接受并看作内部人的程度"（Pelle，1999）；第四，在最佳区分理论（ODT）基础上（Brewer，1991）将包容定义为"雇员通过体验到满足其求同和求异需求的对待而感知到自己在工作团队中被尊重的程度"（Shore，2011）。

同时，在我国传统文化的核心理念中，"包容"也占有重要的地位。在《现代汉语词典》中，包容有两种解释：其一是作为形容词，意为宽容，比如大度包容；其二是作为动词，意为容纳，如"山不辞微尘""海不绝细流""海纳百川""有容乃大"等词语正是对包容理念的描述。我国十分

---

① 朱瑜、钱姝婷：《包容型领导研究前沿探析与未来展望》，《外国经济与管理》2014年第2期，第56页。

强调包容的理念，在处理国际、人际以及人与自然界的关系时，一贯主张以和为贵、和而不同、和谐发展、和平相处等。

由于中西方文化的不同，西方学者对包容的定义都强调员工层面的感受程度，而我国更侧重于从组织层面去衡量宽容程度。但是，这只是描述包容的角度不同，其核心思想都是差不多的，都强调"平等地实现每个人应有的发展权利"。[①]

2. 包容性

随着包容性教育、包容性增长和包容性发展等概念的提出，包容性也成为研究者关注的热词。最早提出包容性概念的是教育界。

西方学校教育发展迅猛，在发展中也呈现出一些新的问题，到了 20 世纪 90 年代初，多元化和差异化成为西方学校教育的显著特点。为了解决多元化和差异化教育带来的不公平等社会问题，包容性教育（Inclusive Education）理念应运而生。西方学者认为不应该把特殊教育（面对残疾学生的教育）和一般教育隔离开来，呼吁将两种教育合二为一，构建一个"包容性"的教育体系，从而保障特殊教育对象（残疾学生）在享受教育资源方面与普通学生有同样的权利。[②] Vitello 和 Mithaug（1998）等进一步提出，包容性教育就是一种旨在消除各种歧视的教育方式。

包容性增长（Inclusive Growth）这一概念是由亚洲开发银行于 2007 年提出来的。包容性增长理念与只追求经济增长的理念针锋相对，倡导机会平等地增长和可持续地发展，追求社会与经济协调发展。包容性增长最根本的含义是不仅仅关注经济增长速度，更重要的是要关注社会领域发展，尤其是要关注弱势群体，从而使更多的民众能够公平合理地分享经济增长和经济全球化的成果，其重要的特征是强调增长方式的科学性和成果分配的合理性。

---

① 李燕萍、杨婷等：《包容性领导的构建与实施——基于新生代员工管理视角》，《中国人力资源开发》2012 年第 3 期，第 31 页。

② Fuchs D., Fuchs L. S., "Inclusive schools movement and the radicalization of special education reform", *Exceptional Children*, Vol.60, No.4, 1994, pp.294-309.

包容性发展（Inclusive Development）这一概念诞生于 2011 年的海南博鳌亚洲论坛。包容性发展的核心理念与包容性增长一致，强调不能只关注经济发展，还要关注社会（以及人）与经济的同步发展，强调应该让每个国家和各种人群（尤其是欠发达国家和弱势群体）都能共享经济发展的成果。

二、包容型领导的概念与内涵

包容型领导（Inclusive Leadership）又称包容性领导，该概念最初由教育学领域提出。包容性教育要求公平地对待不同种族、社会地位、宗教、性别等有差异的学习者，因此学校需要包容的领导风格（Vitello and Mithaug，1998）；与此同时，关系领导模式（Relational Leadership Model）理论被提出（Komives et al.，1998）。关系领导模式指出关系领导包含五大要素，即包容、赋予权力、有目的、合乎伦理和过程导向，并指出"包容性"是其中一个非常重要的因素。Nembhard 和 Edmondson（2006）把包容性引入到管理学领域，正式提出了包容型领导这一概念。经过近十年来的发展，包容型领导作为一种新型的领导方式或风格得到了学术界和实践界的认可。但是，国内外对包容型领导风格的研究刚刚起步，而且十分缺乏系统研究，至今尚未形成对包容型领导概念的统一认识。

学者们根据不同的研究对象或视角，对包容型领导的定义也不同，大体上这些定义可以分为三大类：第一，专门针对学校领域的定义，主要的代表有 Ryan（2007）、Rayner（2008，2009）、Temple 和 Ylitalo（2009）等；第二，特指领导者或者领导力，代表学者有 Ospina（2011）、高宏（2010）等；第三，一种领导方式或者风格，大部分定义属于此类，比如，Nembhard 等（2006）、Hollander（2009）、Carmeli 等（2010）等。最近几年，国内也陆续有学者开始研究包容型领导，并对其进行了本土化的界定，国内研究者的定义基本上都属于第三类。比如，朱其训（2011）、李燕萍等（2012）、方阳春和金惠红（2014）、姚明晖等（2014）、何丽君

（2014）、朱瑜等（2014）等。

不同视角下包容型领导的定义如表 2-1 所示。

表 2-1 不同视角下包容型领导的定义

研究者	研究对象或视角	定义
Nembhard 和 Edmondson（2006）	医疗团队	包容型领导是领导从言行上表示出鼓励和欣赏下属的贡献，是一种善于听取下属观点和认可下属贡献的领导方式，领导接纳和欣赏员工，接受员工的意见和贡献，鼓励和欣赏员工的努力
Ryan（2007）	学校	包容型领导风格是一种平等的集体领导过程，强调利益相关者参与治理和管理
Rayner（2008，2009）	学校	包容型领导是应用于教育背景的学习型领导的一种特殊形式，是在学校中构建多样性和差异性交互式管理的整合过程
Temple 和 Ylitalo（2009）	学校	包容型领导是一种能够接受和包容教学和学习上的文化价值观差异，制定出向下属教员和学生授权的政策，并追求和强调社会正义与民主的领导方式
Hollander（2009）	组织情境	包容型领导是一种关系，即领导者与下属之间是基于尊重、认可、回应和责任的双向关系，在该关系下为达成双赢，领导与员工共同完成任务，更能激发员工的潜能和活力
Carmeli、Reiter-Palmon 和 Ziv（2010）	组织情境	包容型领导是关系型领导的特殊形式和核心，从领导者与追随者的关系和互动机制探讨领导的作用机制，包容型领导者关注追随者的行为，能够倾听和关注追随者的需要，在和追随者的互动中表现出开放性、有效性和易接近性
Ospina（2011）	组织情境	包容型领导是接纳组织中各层级员工、为最终的结果负责的有价值领导者，包容型领导者是形成包容型组织的基础和关键
高宏（2010）	企业核心能力	包容型领导力（基于企业核心能力）是一个动态和谐的领导系统，是企业核心能力的组成部分，是企业核心能力体系的一个子系统，它强调领导过程中机会的均等、分配的公平以及对发展成果的共享
朱其训（2011）	包容性增长	包容型领导是以一种包容、开放、民主、人本的方式指挥、引导、协调和鼓励组织成员为实现组织目标而努力的过程，其基本内涵主要体现在开放、民主、人本、公正四个方面
李燕萍（2012）	组织情境	包容型领导在领导过程中坚持以人为本的管理原则，下属对领导者也持有包容的态度，是一种双方互为的过程；具有代表意义的包容型领导行为有：平衡式授权、走动式管理和渐进式创新

续表

研究者	研究对象或视角	定义
方阳春、金惠红 (2014)	高校科研团队	从五个维度界定包容型领导风格：①领导者鼓励跨部门、跨学科的合作交流；②领导者能够包容团队成员的失败并给予指导；③培养并认可团队成员；④领导者包容并合理利用成员的优势；⑤领导者公平地对待成员并与员工实现共赢
方阳春（2014）	高校科研团队	从三个维度界定包容型领导风格：领导者包容员工的观点和失败、认可并培养员工、领导者公平对待员工
姚明晖、李元旭 (2014)	基于对组织创新行为研究	包容型领导是在组织与团队中，具有开放度、亲和度、宽容度及支持度的领导行为
何丽君（2014）	组织情境	包容性领导是一种以参与、开放和共享为取向，以协调、可持续、普惠式发展为目标的领导理念和模式

资料来源：笔者对相关文献的整理。

三、包容型领导的结构与测量

国内外对包容型领导的维度研究已经取得了一些成果。Nembhard 等（2006）的研究表明包容型领导是一个单维度概念。Carmeli 等（2010）提出包容型领导可以分为开放性、有效性和易接近性三个维度。朱其训（2011）认为包容型领导由四个维度构成，即开放、民主、人本和公正。姚明晖等（2014）也认为包容型领导包含四个维度：开放度、亲和度、宽容度和支持度。方阳春（2014）则提出包容型领导风格由领导者包容员工的观点和失败、认可并培养员工、领导者公平对待员工三个维度构成。何丽君（2014）将包容型领导分为尊重、宽容和利他三个维度。

关于包容型领导的测量，目前的研究主要采用案例分析法和问卷调查法两种方法。案例分析法主要是通过观察和访谈确定包容型领导的研究因素，建立包容型领导研究的结构测量。问卷调查法即根据调查者事先确定好的包容型领导的概念，通过领导者与被领导者的相互评价来反映包容型领导行为。这两种方法各有优劣，在实际运用中可以将两者相结合来研究问题。[1]

包容型领导的量表开发还比较少，这也是当前关于包容型领导的实证研究较少的主要原因。当前国外比较成熟的量表主要有三个：

一是 Nembhard 等（2006）在对医疗团队的研究中开发的量表，包括鼓励护士积极主动工作、征求其他专业团队成员的意见、不能平等地重视其他人的意见（反向计分）三个题项，测量时由下属对上级医生进行评价，采用李克特 7 点计分法，量表的 Cronbach's α 系数为 0.75。

二是 Carmeli 等（2010）开发的量表，包括开放性、有效性、易接近性三个维度，共有九个题项，[2] 其中，用"经理乐意倾听新的想法""经理关注改进工作流程的新机会""经理乐意和我讨论工作目标及完成任务的新方法"三个题项来测量开放性维度；用"经理善于为员工遇到的问题提供参考意见""经理在团队中随时'存在'——随时有空接见下属""经理善于解答我请教的业务方面的问题""经理随时愿意倾听我的诉求"四个题项来测量有效性维度；用"经理鼓励我在遇到新问题的时候向他寻求帮助""员工可容易地和经理讨论工作上出现的新问题"两个题项来测量易接近性维度。测量时由下属进行评价，采用李克特 5 点计分法，1 为"完全没有"，5 为"很大程度上"，整个量表的 Cronbach's α 系数为 0.94。虽然该量表分为三个维度，但 Carmeli 等（2010）进行因子分析时只提取出了一个特征值为 6.18 的共同因素，能解释的总变异量为 68.74%。

三是 Hollander 等（2009，2012）通过对 160 名员工的访谈形成了由 16 个题项组成的量表，进行因子分析后提取出支持—承认、沟通—行动—公平和自我利益—不尊重三个维度，其中，用"领导会询问我对自己工作的看法"、"领导会对于我的工作贡献给予承认"、"领导会鼓励我提问

① 朱瑜、钱姝婷：《包容型领导研究前沿探析与未来展望》，《外国经济与管理》2014 年第 2 期，第 55–64 页。
② Abraham Carmeli, Roni Reiter-Palmon, Enbal Ziv, "Inclusive leadership and employee involvement in creative tasks in the workplace: The mediating role of psychological safety", *Creativity Research Journal*, No.22, 2010, p.254.

关于我自己工作的问题"、"领导会让我做出关于我自己工作的决策"、"领导会倾听来自员工的信息"（即使是坏消息）、"领导会对我怎么做我的工作表现出兴趣"六个题项来测量支持—承认维度。用"领导会关注事情怎么样""是不是正在做""领导会提供要实现的明确目标""领导会在所有方面贯彻应用规则""领导会对员工认同的问题采取必需的行动""领导会表现对公平的关注"五个题项来测量沟通—行动—公平维度。用"领导会做出评价使我感到羞辱""当事情出错时，领导会在其他人面前指责我""领导拒绝我对自己工作的看法""领导把我做的工作占为己有""领导仅仅考虑他/她自己的利益"五个题项来测量自我利益—不尊重维度。

国内开发的包容型领导量表很少，主要有方阳春（2014）针对高校科研团队开发的量表，该量表共 12 个题项，部分题项借鉴了 Carmeli 等（2010）开发的量表，Cronbach's α 系数为 0.90。之后，方阳春和金惠红（2014）又将该量表调整为 19 个题项，Cronbach's α 系数上升为 0.96，主要题项包括：领导者支持研究者跨学科领域开展学术研究、领导者注重塑造不同学科背景研究者之间的交流氛围与环境、领导者崇尚学术自由价值观、领导者鼓励成员参与决策、领导者能够包容我与他/她观点上的不同、领导者善于听取成员好的建议和思想、领导者会公开认可和表扬团队成员取得的成绩、领导鼓励成员用新的方式思考和解决老问题、领导能根据各成员的优势合理安排他们的工作、领导善于发现各成员的优势、领导经常鼓励各成员在工作中要扬长避短、领导能够公平地对待团队内的各成员和领导能够考虑到团队成员的需求和利益等。[①]

关于包容型领导的维度和测量汇总如表 2-2 所示。

---

① 该包容型领导量表的题项由方阳春教授本人提供，在此特向方教授及其科研团队表示敬意和感谢。

表2-2 包容型领导的维度与测量

研究者	维度	量表
Nembhard 等（2006）	单维	3 个题项 α = 0.75
Hollander 等（2009，2012）	三维：支持—承认、沟通—行动—公平、自我利益—不尊重	16 个题项
Carmeli 等（2010）	三维：开放性、有效性、易接近性	9 个题项 α = 0.94
李燕萍等（2012）	三维：平衡式授权、走动式管理、渐进式创新	本研究未开发量表
姚明晖等（2014）	四维：开放度、亲和度、宽容度、支持度	本研究未开发量表
何丽君（2014）	三维：参与、开放、共享	本研究未开发量表
朱其训（2011）	四维：开放、民主、人本、公正	本研究未开发量表
方阳春（2014）	三维：领导者包容员工的观点和失败；认可并培养员工；领导者公平对待员工	12 个题项 α = 0.90
方阳春、金惠红（2014）	五维：领导者鼓励跨部门、跨学科的合作交流；领导者能够包容团队成员的失败并给予指导；培养并认可团队成员；领导者包容并合理利用成员的优势；领导者公平地对待成员并与员工实现共赢	19 个题项 α = 0.96

资料来源：笔者对相关文献的整理。

四、包容型领导与其他领导理论的比较

领导者是组织管理的灵魂，在组织行为学领域对领导理论的研究一直长盛不衰。关于领导力的研究，传统的分类关注领导的个人特征、行为和与员工之间的关系（Bass，1990）。早期的领导理论主要有领导特质理论、领导行为理论和领导权变理论等；近些年又提出了一些新的领导理论，比如变革型领导、精神型领导、真实型领导等。不同领导理论的研究视角有所不同，因而形成各自独特的研究体系。为了更加准确地把握包容型领导的特征，本书将包容型领导与当代一些主要的领导理论进行比较研究，并从结构维度、主要特征和局限性三个方面进行了文献梳理（见表2-3）。

表 2-3　包容型领导与其他领导理论的比较

领导类型	主要特征	结构维度	局限性
变革型领导	关注推动组织适应性变革的长期目标；强调发展的眼光；强调领导对下属的模范作用；引导下属超越自我利益；向下属提供富有挑战性的工作和智力激励，为实现共同目标奋斗	鼓舞性激励；理想化影响力；个性化关怀；智力激发	不适用于结构稳定和连贯性较强的组织；下属容易在目标上陷入盲目
交易型领导	强调交换，在领导者与部下之间存在着一种契约式的交易，奖惩都以绩效为基础	权变奖励；例外管理；典型示范	认为上级和下属之间不涉及情感，只存在交易关系，可能陷入道德误区；容易导致忽视长远利益
真实型领导	非常强调领导者的诚信品质或行为；领导者通过激发下属的认同使下属形成积极的心理资本，从而提高绩效	自我意识；内化道德；积极的心理资本；信息平衡处理；关系透明	过分强调领导者单方面的作用，未能将领导者和下属的角色相互联系起来
魅力型领导	领导者拥有一种超自然所赐的与众不同的力量与品质；下属崇拜、认同并渴望模仿领导者	高度自信；愿景激励；对环境的敏感性；个人冒险；非常规行为	魅力型领导未必会按照组织的最佳利益行事；具有魅力的领导者很少，忽略了现实意义；缺乏代表性；忽略了环境因素
精神型领导	领导者采用满足精神性存在需求的方式来激发下属的工作积极性和主观能动性	希望/信念；利他之爱；愿景	尽管涉及如信念等高层次概念，但没有揭示出其本质
伦理型领导	领导者将自己树立成角色模范，引导下属学习和遵守伦理标准	利他主义；诚信；激励；集体动机	侧重于领导者道德伦理方面，只强调领导者作为道德榜样对下属的影响
包容型领导	领导者与被领导者是一种互动的关系，领导者包容下属的失误，认可并尊重下属的努力与贡献，公平对待下属，下属与上级形成良好的互动，营造一种民主人性化的领导风格	开放性；有效性；易接近性	（暂无文献描述）

资料来源：笔者对相关文献的整理。

五、包容型领导的相关实证研究

　　当前国内外对包容型领导的研究还处于起步阶段，相关研究主要集中在对其概念的界定和结构的探索方面。由于缺乏系统性研究和成熟的量表，对包容型领导进行实证研究的更是凤毛麟角。从现有实证研究看，也主要集中在考察包容型领导在学校教育、科研团队、医疗团队和多元化组织中对其他变量有什么影响，即研究包容型领导的效能结果。

笔者认为，包容型领导与包容的组织环境关系十分密切。包容型领导不但可促进包容的组织环境，而且是包容型组织环境形成的关键性因素。同时，包容的组织环境又有利于产生和培育包容型领导。所以，当前关于包容型领导的实证研究也集中在这两个方面（见图 2-2）。

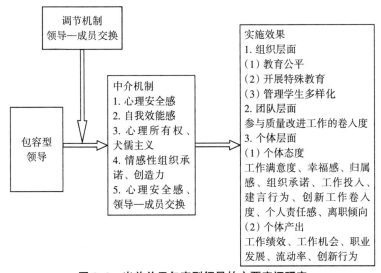

图 2-2 当前关于包容型领导的主要实证研究

资料来源：章璐璐、杨付、古银华：《包容型领导：概念、测量与研究展望》，《心理科学进展》2016 年第 9 期，第 1467-1477 页。

相比之下，西方学者对包容的组织环境的实证研究更早，Mor-Barak 等（1998）通过实证研究得知包容的组织环境正向影响员工的职业发展和工作机会；Mor-Barak 等（2001，2002）、Findler 等（2007）、Cho 等（2008）相继证实了包容的组织环境与工作满意度、幸福感、归属感、组织承诺和工作绩效都呈正相关关系。Shore 等（2011）还证明，包容的组织可以消除障碍，使员工全力为组织做出贡献。

关于包容型领导的实证研究也是开始于学校教育系统，不少学者的研究结果证实了包容型领导有利于包容型教育的实施（Ryan，2006；Garrison-Wade，et al.，2007；Temple and Ylitalo，2009；Rayner，2009；Ainscow and Sandill，2010；Devecchi and Nevin，2010；Granados and Kruse，2011）。

Nembhard 和 Edmondson 等（2006）的实证研究表明，包容型领导与其下属的心理安全感呈正相关，同时，包容型领导还能缓冲（调节）专业地位差异与下属团队心理安全感之间的关系，包容型领导通过心理安全感的中介作用，能增强团队成员参与质量改进工作的投入度。该研究还指出，包容型领导善于听取员工的观点，在工作中尊重员工、认可员工的成绩，重视员工培养、待遇公平、与下属平等高效地沟通、倾听下属的观点，这使员工感受到他们真正受到重视和尊重。

Nishii 等（2009）研究证实包容型领导能降低员工的流动率，并发现"领导—成员交换关系"能调节包容型领导和员工流动率之间的关系，当"领导—成员交换"质量较低时，包容型领导对员工离职率降低的预测功能将减弱。

Carmeli 等（2010）以 150 名知识密集型组织（企业研发部门）的员工为样本，实证研究表明包容型领导对员工心理安全感有促进作用，并证实了心理安全感在包容型领导与员工创新工作卷入度之间起着中介作用。Howard 等（2012）、Hirak 等（2012）也得到了类似的研究结论。Low（2012）实证研究表明，包容型领导能有效预测组织成员的责任感、成员间的协作性和团队的有效性。

方阳春（2014）通过实证证明了包容型领导风格与团队绩效正相关，员工自我效能感在它们之间起着中介效应。该研究还指出包容员工的观点和失败、鼓励员工的建言行为，包容失败和鼓励建言等行为都能促进团队的创新行为。

马跃如等（2014）以湖南省 540 名企业员工为数据样本，实证研究表明包容型领导与员工的离职倾向和犬儒主义均呈负相关，与员工心理所有权呈正相关，并且找出了包容型领导和员工离职倾向之间的两个中介路径：心理所有权和犬儒主义。

方阳春、金惠红（2014）以高校科研团队为研究对象，实证了包容型领导与团队成员的满意度、团队的任务绩效和团队的关系绩效都呈正相关关系。

国内关于包容型领导的研究起步很晚，实证研究更是少见，除了方阳春（2014），马跃如等（2014），方阳春、金惠红（2014）等进行了实证研究之外，还有少量国内学者对包容型领导进行了规范研究，为将来开发本土的量表和实证研究打下了基础。

朱其训（2011）提出以构建包容型领导为抓手，大力推进包容性增长，并探析了三个实现路径。李燕萍等（2012）基于新生代员工管理视角，构建了包容型领导的概念模型（见图2-3），并提出三种具有代表意义的包容型领导行为，即平衡式授权、走动式管理和渐进式创新。同时，他们还提出了塑造包容型领导的五大措施：实施基于情感和制度的双重规范管理；包容并利用下属的个性化特征；竭力培养发散性思维；注重组织的价值创新；树立榜样力量。

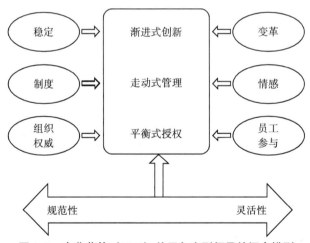

图2-3　李燕萍等（2012）关于包容型领导的概念模型

资料来源：李燕萍、杨婷等：《包容型领导的构建与实施——基于新生代员工管理视角》，《中国人力资源开发》2012年第3期，第34页。

何丽君（2014）从包容型领导理念的角度出发，探索出包容型领导的实现路径：尊重（关注和接纳组织成员）是包容型领导的基础；宽容（容人之异、容人之短、容人之功）是包容型领导的精髓；利他（从内心深处对生活目的、人生哲学和生命意义的深刻感悟）是包容型领导的灵魂。

姚明晖等（2014）研究了包容型领导对员工创新行为的作用机制，指出创新氛围在前两者之间起着中介作用，并构建了包容型领导与员工创新行为三阶段模型（见图 2-4）。但是，他们并没有进行实证研究。

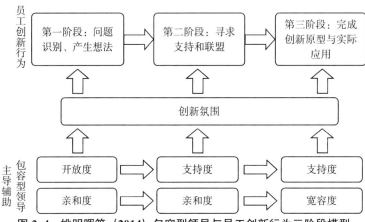

图 2-4　姚明晖等（2014）包容型领导与员工创新行为三阶段模型

资料来源：姚明晖、李元旭：《包容型领导对员工创新行为作用机制研究》，《科技进步与对策》2014 年第 5 期，第 8 页。

第三节　组织创造力的研究述评

一、创造力的定义及类别

1. 作为过程的创造力与作为结果的创造力

有的学者认为创造力是一个过程，而另外一些学者则认为创造力是一种结果。[①] 创造力到底是一种活动或潜在的行动能力呢，还是一种活动结果或社会产物？确切地说，创造力既是过程又是结果。

过程派的学者认为，创造性过程能导致创造性想法或产品的产生和发展。Dewey（1910）认为，创造力是问题解决的心理历程，是一种问题解决的能力。Wallas（1926）将创造性思维分为四个阶段：准备、酝酿、启发和确认。Koesler（1964）提出，创造力就是通过深思熟虑后将两种原本不相关的想法或事物联系在一起，从而产生新的见解或发现。Stein（1967）将创造力划分为假设、检验和沟通三个阶段。Amabile（1983）提出了创造力五个阶段模型（任务陈述、准备、产生创意、验证创意、结果评估）。这些模式尽管在有些细节上不同，但都涵盖了机会辨别、收集信息、产生创意、评估创意等几个核心阶段。

结果派的学者认为，创造力就是新颖的事物，将创造性成果看成是头脑风暴的结果。Rogers（1954）提出，创造力是由于个人和情境（如环境条件、事件、人物）的独特性而产生的新颖性产出。Mumford 和 Gustafson（1988）指出创造性成果可以是对流程方面的渐进性改进的建议，也可以是革命性的突破。Amabile（1983）则认为，创造力是个体或团体的新颖且适当的想法。创新（Innovation）与创造力关系密切，创新包含了创造力；创新包括产生创意和应用创意两部分，而创造力正是创新的前半部分（创意产生）。[②] 其他关于创造力的定义认为，创造力包括了适当的创意、过程或者程序，创造力是新颖而且实用的（Mumford and Gustafson，1988；Amabile，1988；Shalley，1991）。

2. 一般创造力与组织创造力

一般创造力是指心理学领域中的创造力研究，关注的是一般性情境中的创造力，旨在从心理学的视角去探索一般对象（如儿童、艺术、科学家等）创造力的一般性规律。然而，组织创造力的研究对象是特定的，即只

---

①② ［美］周京、莎莉主编：《组织创造力研究全书》，魏昕等译，北京大学出版社 2010 年版，第 4 页。

关注工作或组织中的创造力，旨在探索工作情境下的创造力规律，属于组织行为学的研究领域。

一般创造力（心理学领域）研究历史悠久，常常采用研究个体差异和研究认知过程两种方法来进行研究。第一，研究个体差异。个体差异研究是通过对高创造力群体的人格特质进行研究，从而探索出一般性规律。比如，Galton（1870）、Cox（1926）等通过研究名人自传来寻找影响创造力的人格特征或智力类型。Mackinno（1962）、Barron（1968）集中研究一个或几个具有创造力的个体。Simonton（1975）关注历史上的艺术家、科学家和作家等的创造性成果，他使用档案研究来探讨社会变量与个体的创造性成果之间是否存在因果关系。第二，研究认知过程。认知过程研究是为了揭示创造力的产生过程，主要从认识方式、认知技能和训练方法等方面进行研究。Kirton（1976，1994）提出了"适应—创造力"理论，认为个体在解决问题的方式上各有偏好，适应者和创新者是认识方式的两个极端。在解决问题时，适应者偏好于已有的流程和范式，创新者偏好于打破传统方式创造出独一无二的解决方法。

组织创造力（Organizational Creativity）直到20世纪80年代才得到学者的青睐，是组织行为学研究中的新兴领域。Amabile（1988）基于社会心理学构建了一个创造力影响因素的理论框架。Woodman等（1993）提出创造力受到个人和组织因素的交互影响。之后，Amabile（1996）、Eisenberger等（1994）、Farmer等（2003）、George等（2001，2002）、Gilson等（2004）、Zhou等（2001）、Shalley等（2001）等用实证研究方法检验了员工创造性绩效的一些影响因素。

当前对组织创造力的研究主要集中在个体层面的创造力研究和团队层面的创造力研究。从Guilford（1950）发表著名的论创造力演说以来，对个体创造力的研究已经取得了不小成就，但对于团队创造力的研究才刚刚起步。在初期的团队创造力研究中，研究者们认为团队是否具有创造力关键取决于团队成员的创造力，认为是团队员工的创造力影响了整个团队的创造力，甚至Amabile（1988）曾经认为团队创造力和个体创造力没有区别。随着社会心理学的逐渐发展，学者们开始关注团队的外部因素（比如环境、气氛、社会因素等）对团队创造力的影响。

二、创造力的经典理论

1. 创造力组成模型

创造力组成模型是由 Aambile（1988，1996）提出来的，其描述了创造力的形成过程，也阐释了创造力过程和结果的各种影响因素，并提出创造力是由领域相关技能（特定领域的事实性知识和专业技能）、创造力相关过程（与产生创造性思维的策略、适当的认知风格、产生创意的工作方式有关的显性和隐性知识）和工作动机（个体的工作态度和对于自己工作动机的感知）三个关键部分组成的观点。创造力组成模型强调，这三大关键成分缺一不可，而且每个成分都与最终的创造力水平呈正相关。也就是说，创造力需要所有成分的协同作用。除了这三个关键组成部分外，还有一个外部成分——工作环境，或者说是更一般的社会环境。

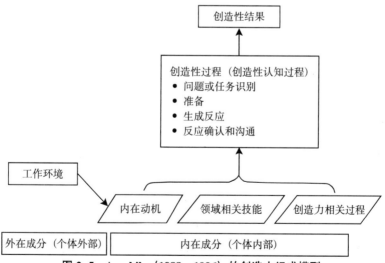

图 2–5 Aambile（1988，1996）的创造力组成模型

资料来源：［美］周京、莎莉：《组织创造力研究全书》，魏昕等译，北京大学出版社 2010 年版，第 27 页。

图 2-5 是创造力组成理论的简要描述（只描述了主要的影响因素）。

2. 组织创造力交互作用理论

Woodman 等（1993）提出了组织创造力交互作用理论（见图 2-6），该理论的最大贡献就是强调虽然创造力发生在个人层面，但创造力要受到来自组织与团队层面的情境因素和来自个体层面的性格特征的交互影响。

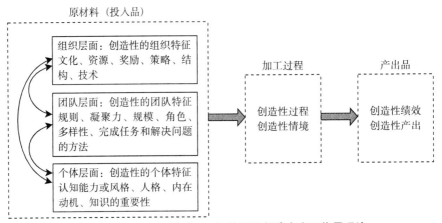

图 2-6　Woodman 等（1993）的组织创造力交互作用理论

资料来源：Woodman R.W., Sawyer J.E. and Griffin R.W., "Toward a theory of organizational creativity", *Academy of Management Review*, No.18, 1993, pp.293-321.

Woodman 及其同事提出创造力的形成就是一个生产过程：以个体层面、团队层面和组织层面的特征及其交互作用为原材料；以创造性过程和情境为加工过程；以创造性绩效为产品。

3. 创造力的其他理论

Ford（1996）提出了个体创造力模型，指出对个体来说，创造力和习惯是两种对立的行为选择。

Drazin、Glynn 和 Kazanjian（1999）提出了组织创造性思维的多层次模型，他们将创造力定义为一个过程而不是结果。

Mumford（2000）提出了一些可能促进创造力的人力资源管理战略，他认为组织应该考虑在多层次上进行多重干预，在选择旨在促进创造力的干预时应考虑个体、团队、组织和战略环境。

Mainemelis（2001）提出一个模型，描述完全参与到工作中的个体如何无休止地工作，这个模型关注无休止工作对员工创造力的影响，并侧重研究情境如何促进或削弱这种专注的过程。

Unsworth（2001）构建了一个包括四种创造力的矩阵，分别是响应的（封闭的、外在的）、预期的（开放的、外在的）、有贡献的（封闭的、内在的）、前摄的（开放的、内在的），采用两个维度加以区分（参与的动机和问题的类型）。

Perry-Smith 和 Shalley（2003）采用了更加宏观的视角，用社会网络理论探究社会关系与个体创造力之间的关联。他们认为弱关系比强关系更有利于创造力，个人在社会网络中的位置对创造力更有影响。

Elsbach 和 Hargadon（2006）提出了一个用于专业人员的工作设计框架，提出现在的专业人员由于经常过度工作而创思枯竭，将认知难度高、压力大的工作和不费脑力的工作搭配起来能促进他们的创造力。

Hargadon 和 Bechky（2006）介绍了一种集体创造性思维，确定了四种不同的社会互动：寻求帮助、给予帮助、反映重构和强化。

三、创造力的维度和测量

1. 维度

关于创造力的维度，国内外学者有单维度和多维度两种观点。单维度观点的代表学者主要有 Amabile（1996）、Tiemeytffu 等（1999）等。多维度观点的代表学者主要有 Unsther（2001）提出的 why 和 what 两个维度，Sternberg（1988）提出的创造力智力、创造力智力方式、创造力人格三个维度。

关于团队创造力，不少学者认为其包括新颖性和有用性两个核心维度（Hanke，2006；Pirola-Mermlo and Mann，2004；Sommer and Pearson，2007）。也有学者认为其包括独创性、创造性、创新性三个维度（Chen，2006；Chen and Chang，2005；Pirola-Mermlo and Mann，2004），而 Chirumbolo 等

（2007）从发散性思维角度将团队创造力划分为流畅性、灵活性以及精密等维度。

2. 测量

测量组织创造力常常采用主管评估下属创造力的方法（例如，Scott et al.，1994；Oldham et al.，1996；George et al.，2001，2002；Tierney et al.，2002）。Shalley 和 Jing Zhou（2007）提出，也可以对员工创造力进行多重来源的评估，比如同事评价、自评、其他主管评价等，以提高评估者之间的信度。组织创造力的研究已经开发出了许多量表，典型的有：Scott 和 Bruce（1994）开发的六个题项的量表；Oldham 和 Cumming（1996）开发的三个题项的量表；Tierney 等（1999）在 Ettlie 和 O'Keefe（1982）研究的基础上开发的九个题项的量表；George 和 Zhou（2001，2002）开发的 13 个题项的量表。在 Tierney 等（1999）的九个题项量表的基础上，研究者也使用过其六项条目的版本（Tierney and Farmer，2002），Farmer 等（2003）以中国员工为研究对象进一步研发了四项条目的量表（见表 2-4）。

表 2-4　组织创造力的常用量表

开发者（时间）	题项	信度
Oldham 和 Cumming（1996）	①该员工工作的原创性和实用性如何（原创性和实用性工作是指产生的独一无二而且对组织特别有用的想法、方法和产品） ②该员工工作的适应性和实用性如何（适应性和实用性的工作是指采用现有的信息和材料产生对组织有用的想法、方法和产品） ③该员工工作的创造性如何（创造性是指员工产生原创和有用的想法、方法和产品）	α = 0.90
Tierney、Farmer 和 Graen（1999）	①在工作中展示原创性 ②勇于冒险采用新想法做工作 ③发现现存方法或设备的新用途 ④解决让别人感到困难的问题 ⑤产生解决问题的新想法或方法 ⑥识别新产品或工艺的新机会 ⑦产生与工作相关的新奇但可操作的想法 ⑧作为创造力的优秀典型 ⑨产生对所在领域而言革命性的想法	α = 0.95

开发者（时间）	题项	信度
George 和 Zhou（2001，2002）	①举荐新方法去实现目标 ②产生新的、实用的想法去提高绩效 ③寻求新技术、新工艺、新技巧或产品创意 ④举荐新方法去提高生产率 ⑤是创造性想法的好来源 ⑥不怕承担风险 ⑦促进和支持别人的想法 ⑧只要一有机会就会在工作中展示创造力 ⑨为实施新想法而制定周密的计划和时间安排 ⑩经常有新的、创新性的想法 ⑪产生解决问题的创造性思路 ⑫经常有解决问题的新方法 ⑬举荐执行工作任务的新方法	α＝0.96
Farmer、Tierney 和 Kung-McIntyre（2003）	①在工作中首先尝试新点子或新方法 ②在工作中寻求解决问题的新点子和新方法 ③在工作领域提出开创性的想法 ④是一个创造性开展工作的好榜样	α＝0.92

资料来源：笔者对相关文献的整理。

此外，Scott 和 Bruce（1994）、Oldham 和 Cumming（1996）、Tierney 等（1999）、Perry-Smith（2006）等还采用了客观测量的方式来测量组织创造力，他们的具体做法是通过计算研究对象一些创造性工作成果（如专利、技术报告、研究论文、给组织提建议等）的数量来衡量其创造力。但是，客观测量方法往往只适用于某些特定的工作类型或行业，不具有普适性。实验室研究法也被不少组织创造力的研究者采纳。组织创造力的实验研究要取得好的效果必须把握好两个重要的议题：一是在工作中用来促进创造力知识的手段的可行性，二是参与者的任务类型。[①]

四、创造力的主要实证研究

关于创造力的实证研究得到了如雨后春笋般的快速发展。大部分研究

---

① ［美］周京、莎莉：《组织创造力研究全书》，魏昕等译，北京大学出版社 2010 年版，第 12 页。

关注的是作为结果的、个体的创造性行为，而关注组织创造力过程和团队（或小组、整个组织）创造力的相对较少。当前一些重要的研究发现主要集中在工作环境、目标设立、情境因素、人格特征以及它们之间的交互作用对创造力的影响。①

第一，工作环境对创造力发挥支持和促进的作用。Okdham（2003）通过实验室研究和实地研究发现，支持和促进创造力的工作环境与创造力呈正相关；Amabile 和 Conti（1999）、Madjar 等（2002）、Zhou（2003）等研究发现非支持或控制性工作环境与创造力呈负相关关系。支持性和促进性的工作环境来自很多方面，比如，Amabile 等（1996，2004）、Frese 等（1999）的研究指出提供支持和鼓励的领导能促进员工的创造力；Amabile 等（1996）、Zhou（2003）、Zhou 和 Geoege（2001）证明了给予支持及鼓励的同事也能促进员工的创造力；Amabile（1979）、Amabile 等（1990）、Shalley 和 Perry-Smith（2001）等研究表明以支持的、非正式的方式（而不是控制、惩罚的方式）表达的期望评估和反馈同样能促进员工的创造力；Hgen 等（1979）提出反馈是组织中最常使用的激励策略和行为校正工具，Farr 和 Ford（1990）、George 和 Zhou（1998，2001）研究发现反馈对个体创造性业绩有着显著的影响。

第二，目标的设立能促进创造性绩效的产生。很多研究表明，当人们认识到创造力的重要性时，其表现出来的创造力会更强。Speller 和 Schumacher（1975）研究发现，如果人们被告知他们正在进行的是关于创造力的测试时（可以理解为给他们设定了一个充分发挥创造力答题的目标），他们的创造力测试分数就会提高。Shalley（1991，1995）、Shalley 和 Liu（2007）在一系列研究中发现，当一个创造性目标被设定时可以有效地提高创造力。Shalley（1991）研究发现，当设定的目标既有创造性目标又有生产力目标时，被试仍然表现出非常有创造性；但是，当设定的目标只有生产力目标而没有创造力目标时，被试的创造性绩效就会较低。

---

① ［美］周京、莎莉：《组织创造力研究全书》，魏昕等译，北京大学出版社 2010 年版，第 12 页。

Carson P.P.和 Carson K.D.（1993）也发现，设定了创造性目标的员工在工作中表现得更有创造力。此外，Gladstein（1984）提出，当团队成员拥有的目标相似时，他们之间的沟通会更加有效，会在工作中考虑更多的备选方案，在决策之前获得更充分的信息，从而激发出更强的创造力。

第三，情境因素、人格特征以及它们之间的交互作用对创造力的影响。Baert 等（2003）、Tierney 等（1999）使用了 Kirton 的采纳—创新问卷来检验适应性或创新性的风格与上级（代表组织）给予的支持行为、奖励措施以及工作复杂程度等组织或团队层面的情境因素之间交互作用，研究证实了认知风格在组织或团队层面的情境因素对创造力的影响中起着调节作用。不过，人格特征与情境因素之间交互作用的结果并不明确（Shalley et al.，2004），还需要更多的研究来进行检验。

第四，作为情境因素之一的领导力对创造力的影响。该领域的研究取得了较大的发展，由于领导力—创造力相关研究是本书重要的理论基础之一，笔者将在本章的第四节对其进行专门梳理。

第四节　领导力与员工创造力关系的研究述评

一、领导力与创造力关系的研究视角

领导力的三要素（特质、行为和关系）正是领导力与创造力关系研究的三大视角。

领导力特质视角的研究致力于解答有创造力或能促进员工创造力的领导者（创造力领导者）是什么样子的。Tierney 等（1999）提出可能存在一系列特征（即领导特质）能够不断地领导他人进行创造。领导者的一般智商（Gibson，Fiedler and Barrett，1993）和情商（Mumford et al.，2002；

Zhou and George，2003）都已经被证明对下属的创造力有显著影响。创造力领导者到底应该具备哪些素质或能力呢？一系列研究陆续给出了一些答案：第一，拥有创造性的认知风格，懂得欣赏创造力，并能率先垂范地鼓励和激励员工开展创造性工作（Kirton，1976）；第二，具备一系列的专业技术（Farris，1988；Mumford，2002）；第三，拥有内在的创造性工作动机（Tierney，1999）；第四，精通创造性解决问题的技巧，既能成为创造力角色的榜样，又能为员工的创意及解决问题的方式提供有效的反馈（Mumford，2002）；第五，拥有老练、机智等社会技巧，以便帮助潜在创造者及相关人士进行创造（Mumford，2002）；第六，拥有能察觉不同员工风格（比如认知和创造性解决问题方面）的直觉，并具有能管理这些风格的能力（Basadur，2004）；第七，计划能力，包括把握环境、确定问题根源和潜在制约等方面的能力（Marta，Leritz and Mumford，2005）。

领导力行为视角的研究致力于解答有创造力或能促进员工创造力的领导者（创造力领导者）做什么和如何做。Hunt 等（2004）指出创造力领导者有一定的行为套路。被证实了的行为套路主要有：第一，领导者适度地控制和监督下属的工作（Amabile et al.，2004；Farris，1988；Krause，2004；Oldman et al.，1996；Stahl et al.，1978；Tierney，2003；Zhou，2003）；第二，允许员工参与和创造力相关的活动（Amabile et al.，2004；Choi，2004；Pelz and Andrews，1966）；第三，构建一个能驱动员工创造力的结构（Amabile，1988；Muford et al.，2002）；第四，对复杂而且定义不清的任务进行分类并指导（Redmond，Mumford and Teach，1993）；第五，创造结构来处理创造性活动和结果的复杂性（Halbesleben et al.，2003）；第六，对员工创造力的支持行为，比如让员工感知到领导者给予的创意支持、工作支持和社会支持（Amabile et al.，2004；Mumford et al.，2002），表现出同理心和体谅员工（Farris，1988；Amabile et al.，1996，2004；Frese，Teng and Wijnen，1999）；第七，做员工的创造力榜样（Mumford and Gustafson，1988；Mumford et al.，2002；Shalley and Perry-Smith，2001；Tierney and Farmer，2002，2004）；第八，对员工创造力的

努力和成果表现出期望（Scott and Bruce，1994）或者给予奖励和认可（Tierney，2003；Tierney and Farmen，2002，2004）；第九，培养员工对创造能力的自信心和创造力自我效能感（Redmond et al.，1993；Ford，1996）；第十，从事变革型（转型式）领导行为（Keller，1992，1995；Sodik 等，1999；Jung，2001）。

领导力关系视角的研究致力于解答在领导者与下属之间构建一个什么样的关系能促进创造力绩效。这种观点认为领导力存在于领导者与员工之间，领导与员工之间不同的关系对员工创造力的促进作用也不一样。比如，Kahn（1998）研究指出，当员工感受到自己与领导之间存在着强烈的关怀时，他们会对创造力工作产生更多的投入感。该视角比较集中研究的是探索领导—下属交换关系（Leader-Member Exchange，LMX）与员工创造力的关系。主要的研究成果有：第一，高质量的 LMX 能促进员工的创造性绩效（Tierney，1992；Scott and Bruce，1994；Basu and Green，1997；Tierney et al.，1999）；第二，拥有高质量 LMX 的员工有一个特点就是超越日常工作（Graen and Scandurd，1987）；第三，高质量 LMX 的员工从事了更具挑战性和相关性的工作任务（Liden and Graen，1980）；第四，高质量 LMX 的员工有一种授权感，正是这种授权感促进了他们的创造性业绩（Tierney，2000）；第五，高质量的 LMX 中，员工在承担风险、资源、奖励和鼓励等方面得到更多的支持，这也能促进员工的创造力（Amabile，1988）；第六，高质量 LMX 的员工会感到更加自在和安全，这些都能促进创造力；第七，当适应性认知风格的员工与上级发展了高质量 LMX 时也呈现出高水平的创造性行为（Tierney，1999）；第八，高质量 LMX 会减弱工作和家庭压力对创造性业绩的负面影响，起到调节作用（Van Dyne，Jehn and Cumming，2000）。

二、变革型领导对员工创造力的影响

变革型领导（Transforming Leadership）理论是 Burns 于 1978 年提出来

的，Bass 和 Avolio 进一步发展了该理论。变革型领导包含四个维度：理想化影响力（Idealized Influence）或者魅力（Charisma）、鼓舞性激励（Inspirational Motivation）、个体化关怀（Individualized Consideration）和智力激励（Intellectual Stimulation）。[1]

当前关于变革型领导与员工创造力的关系研究中有两种观点，一是认为两者是正相关关系，二是认为两者关系不显著。大部分研究支持第一种观点，他们认为：变革型领导的魅力可以激发下属对其崇拜、尊敬和忠诚；变革型领导作为行动上的榜样，可以促使下属提出新的想法；变革型领导对员工的关怀、支持和同情都有助于员工克服挑战现状时的恐惧，从而促进创造力的产生；变革型领导通过支持创新、赋予员工自主权、激发员工智慧，从而增进员工的探索性思考。

Eisenbeiss 和 Boerner（2010）在以研发团队为样本的研究中发现，变革型领导与研发团队创新之间呈 U 形关系。他们解释为：研发团队需要高度的自主权，当变革型领导水平较低时，领导者不会过多干预下属的思维，从而也不会阻碍下属的创新行为；当变革型领导水平较高时，员工会崇拜领导，被领导提出的愿景所激励，从而也能促进研发团队创新；而当变革型领导水平适中时，领导者会干涉下属的思维和限制下属完成任务过程中的自由，因此使研发团队的创新水平达到最低点。

不少学者对变革型领导对员工创造力或创新行为的影响机制进行了进一步的探索，验证了一些它们之间的传导因素和调节因素。主要的中介变量有：心理授权（Gumusluoglu and Ilsev，2009）、创造性自我效能（Gong, Huang and Farh，2009）、内在动机（Shin and Zhou，2003）、集体效能和知识共享（Zhang, Tsui and Wang，2011）、知识共享的意图（Liu and Philips，2011）、对创新的支持（Eisenbeiss, Knippenberg and Boerner, 2008）、组织学习（Aragon -Correa，Garcia -Morales and Cordon -Pozo，

---

[1] 胡泓、顾琴轩、陈继祥：《变革型领导对组织创造力和创新影响研究述评》，《南开管理评论》2012年第 5 期，第 27 页。

2007)、授权和对创新的支持（Jung，Chow and Wu，2003）等。主要的调节变量有：心理授权（Pieters et al.，2010）、保守性（Shin and Zhou，2003）、在组织中的自尊和自我展示倾向（Rank et al.，2009）、追求卓越的氛围（Eisenbeiss，Knippenberg and Boerner，2008）、员工对领导的认同和创新氛围的交互关系（Wang and Rode，2010）、内外部资源的支撑（Gumusluoglu and Ilsev，2009）、集权度正式化和不确定性竞争（Jung，Wu and Chow，2008）等。

三、魅力型领导对员工创造力的影响

魅力型领导（Charismatic Leadership）是由 House 在 1977 年将魅力引用到管理领域而形成的一种领导风格。主要的代表学者还有 Bass（1985）、Conger 等（2000）。Conger 等（2000）指出魅力型领导有五个维度：愿景激励（Strategic Vision and Articulation）、个人冒险（Personal Risk）、对环境的敏感性（Sensitivity to the Environment）、对成员需求的敏感性（Sensitivity to Members' Needs）和非常规行为（Unconventional Behavior）。在领袖魅力情结深厚的中国，魅力型领导得到实践界和理论界的青睐。张鹏程等（2011）认为魅力型领导就像孔雀一样，通过展示美丽来影响别人，使别人心甘情愿地跟着走。[①]

从当前的文献来看，魅力型领导对员工创造力的影响还存在较大争议。一部分学者认为魅力型领导有助于提高员工的创造力，强调魅力型领导经常宣导组织目标和远景，让下属认同领导和工作意义而激发出更多的热情，从而促进员工创新（Brown and Trevino，2006），并指出魅力型领导能提高下属创造力的主要途径有：魅力型领导冒险精神的示范效应、魅力型领导因敏感而善于抓住创新机会、魅力型领导让员工产生被尊重的感

[①] 张鹏程、刘文兴、廖建桥：《魅力型领导对员工创造力的影响机制：仅有心理安全足够吗》，《管理世界》2011 年第 10 期，第 94 页。

觉、魅力型领导自身很强的创造力激发员工创新（Matthew，2009）。然而，另一部分学者则认为魅力型领导的作用没有想象中那么大，甚至会带来负面影响。比如，Yukl（1999）指出，魅力型领导的独特魅力可能会使下属盲目崇拜，同时可能会令下属敬而远之，因此对员工的创新行为产生副作用。

四、真实型领导对员工创造力的影响

真实型领导（Authentic Leadership）又称诚信领导，是由 Luthans 和 Avolio（2003）提出的新型领导理论，指出真实型领导包括关系透明、内化道德、平衡加工和自我意识四个成分，是一种把高度发展的组织情景和领导者的积极心理能力相结合的过程。真实型领导具有开放的经验、信任内在经历、自由和创新等基本特征（Kernis，2003）。

Ilies 等（2005）指出，以创新为特点的真实型领导能濡染下属，从而激发员工产生创新行为。Lee 和 Robert（2010）指出，真实型领导真实和持久的品质也能激发员工的创新行为。Shin 和 Zhou（2003）从倒推的角度分析，创造力强的员工要求他们的领导者采用开放、透明、支持性和挑战现状的领导风格，这正是真实型领导的特点。Graen 和 Uhl-Bien（1995）的研究进一步明确了真实型领导风格的"关系透明"的特点能提高领导成员交换关系质量，与员工共享信息，开放地接受和反馈信息，因此下属不会因担心失败而不去试验新的创意，从而提高下属的创造力，增加其创新行为。Mumford 等（2002）指出，真实型领导由于自我意识很强，会鼓励员工自我表达，支持自主性、接受非正统的想法，可以通过他们的榜样作用促进员工的创新行为。

第五节 下属依赖的研究述评

一、依赖的定义

依赖（Dependency）一词在《牛津词典》中有三层含义：一是指依靠、依赖，尤其是不正常或不必要的依靠；二是指附属国、附属地；三是指瘾，比如毒瘾、酒瘾等。在《现代汉语词典》中，"依赖"包含两层含义：第一层含义指"依靠别的人或事物而不能自立或自给"；第二层含义指"各个事物或现象互为条件而不可分离"。多个学科都在关注"依赖"构念，但各自研究的侧重点不同。比如，哲学研究人的依赖、物的依赖、权力依赖等，社会学研究网络依赖、福利依赖等；心理学研究依赖型人格、互联网依赖、手机依赖等；医学研究药物依赖、酒依赖、海洛因依赖等；管理学研究资源依赖、路径依赖等。

但遗憾的是，当前关于个体依赖他人（即《牛津词典》的第一层含义和《现代汉语词典》的第一层含义）的研究还比较少。虽然哲学中人的依赖和心理学中的依恋型人格是关于个体对他人的依靠，但与组织行为学中所谈的下属依赖有很大区别。哲学中用人的依赖来描述前资本主义社会中人的社会关系和个性的发展特征，强调的是个人依附于特定的共同体，[①] 而组织行为学中的下属依赖强调的是对特定个体（领导）的依赖。心理学中的依赖性人格（Dependent Personality）又称被动依赖人格，是一种异常人格，即是一种心理障碍，[②] 而组织行为学中的下属依赖是一种正常的心理

---

① 韩庆祥：《人的依赖—物的依赖—能力依赖——从权力本位走向能力本位》，《社会科学战线》1999年第3期，第45-46页。
② 李曼：《依赖性人格的研究综述》，《芜湖职业技术学院学报》2011年第13卷第3期，第8页。

状态（即使当前的大部分研究认为它对组织的影响是消极的）。

二、下属依赖概念的提出

下属依赖（Followers' Dependency）是组织行为学中的一个新兴研究领域，也有学者称之为对领导的依赖（Dependence on the Leader）。最早在组织情境中关注下属依赖的是 Kets de Vries M.F.R. 和 D. Miller（1984），他们在著作《神经质组织：诊断并改变不良管理风格》中指出，如果领导比下属更强大、更能干，下属就会像支持和拥护父母或者其他重要人物一样地支持和拥护领导。Conger（1990）最早采用实证研究的方法来探索下属依赖与其他变量间的关系。Kark 等（2003）率先公布了下属依赖的测量量表，并最早采用实证方法研究了变革型领导与下属依赖的关系。这些学者在下属依赖研究领域发挥了重要作用，也为后来的研究奠定了基础。

然而，当前很少有学者对下属依赖进行直接定义，大部分研究是对其进行间接的描述性解释。比如，Birtchnell（1988）对依赖他人的人做了解释，他认为一个依赖的人就是从他人那里得到外来的认同、引领和指导，从而弥补自己无能为力的地方，而且更重要的是，接受、赞成并主张他人的价值。该观点得到了不少学者的支持，比如 Solomon（1994）也指出：对他人的依赖是一种固有的生物学事实，没有人能够从一出生就开始自给自足。因此，人类选择群居，并为了生存而相互依赖。[1]

Kets de Vries（1988）从精神分析理论的角度进行了解释，指出在幼儿眼中父母似乎是无所不能的和完美的，从而让他们觉得被保护和感到安全。这种被完全保护的需求在青春期会逐渐消退，但是这种需求还一直留存在内心深处。某些领导风格（比如魅力型）可能唤醒这种潜在的需求。Kets de Vries（1988）进一步指出，当领导关注下属并成为意图的创造者

---

[1] Ronit Kark, Boas Shamir and Gilad Chen, "The two faces of transformational leadership: Empowerment and dependency", *Journal of Applied Psychology*, Vol.88, No.2, 2003, pp.246–255.

时，他们就能以某种形式来救助下属（比如安全、身份、仪式等）。Conger 等（2000）也认为，在团队环境中，下属的自我意识很容易受到上级和在决策时有信心和信念的人的影响。换句话说，当他们感知到领导拥有超强的能力和品质时将会对领导产生崇拜感。Popper 和 Mayseless（2003）也提出，变革型领导和魅力型领导通过提供指导、发展广泛而有吸引力的愿景、变成优秀的楷模，从而可能会唤醒下属的依赖感。

三、下属依赖的维度与测量

由于学者对下属依赖这一构念还未达成统一认识，对其维度和测量的研究就更少了。大部分研究把下属依赖看作单维度（比如 Kark，Shamir and Chen，2003）。Eisenbeiß 和 Boerner（2013）提出下属依赖对创造力的影响通过认知过程和动机过程两个渠道进行，并从认知和动机两个维度对下属依赖进行了探索。Eisenbeiß 和 Boerner（2013）的研究结果发现，下属依赖又可以进一步细分为五个维度，包括工作动机依赖、专业技术依赖、盲目崇拜、工作投入依赖和力求认可，其中专业技术依赖和盲目崇拜属于认知成分，工作动机依赖、工作投入依赖和力求认可属于动机成分。

当前关于下属依赖的测试量表很少。最早的量表是 Kark 等（2003）开发的八个题项量表，包含了"有时我发现没有部门经理的指导我难以开展工作"等题项，Cronbach's α 值为 0.84。Eisenbeiß 和 Boerner（2013）在 Kark 等（2003）的基础上对量表进行了进一步研究，开发了由 13 个题项组成的量表。为了完全覆盖下属依赖的认知方面和动机方面，他们从 Kark 等（2003）的量表中选择了六个题项（其中认知方面四个题项，动机方面两个题项），另外还从相关文献（比如：Bass and Steidlmeier，1999；Beyer，1999；Bryman，1992；Conger，1990，1999；Conger and Kanungo，1998；Gebert，2002；Howell，1988；Howell and Avolio，1992；Kark and Shamir，2002；Yukl，1999）中通过梳理提取了七个题项。为了确定下属依赖测量的因子结构，Eisenbeiß 和 Boerner（2013）采用了最大方差旋转法进行了主成分分析，提取了 5 个因子：因子 1 为工作动机依赖，因子 2 为专业技术依赖，因子 3 为盲目崇拜，因子 4 为工作投入依赖，因子 5 为力求认可。Eisenbeiß 和 Boerner（2013）进一步指出，因子 2 和因子 3 代表下属依赖的认知成分，而因子 1、因子 4、因子 5 代表下属依赖的动机成分，5 个因子共能解释方差的 68.583%，可靠性分析结果表明该量表的 Cronbach's α 值为 0.705。

四、下属依赖的实证研究

当前关于下属依赖的实证研究主要集中在魅力型领导和变革型领导对下属依赖的影响研究，也有部分学者在研究领导力对组织产出（比如绩效、创造力、创新行为等）的影响机制时，将下属依赖作为传导机制进行研究（Basu and Green，1997）。

有学者指出，面对有歧义和不确定的局面，下属趋向于向负责任的领导求助。为了承担理顺混乱局面的任务，这些领导会设法提升下属对他们的信任、认同和崇拜，并可能成为下属在价值观、信仰和行为等方面的偶像和榜样（Gardner and Avolio，1998；Kark，Shamir and Chen，2003）。Yukl（1999）进一步指出，这些领导者通过超高水平的情感投入和依恋来有意无意地影响下属，导致下属有可能变得依赖于领导。学者们基本上达成了共识：变革型领导和魅力型领导拥有道德意图和详尽价值体系，他们十分明显地有别于那些一味追求个人利益、争权夺利、不关心下属需求、要求下属绝对服从的领导。

Conger（1990）提出魅力型领导形式能够增强下属对领导的依赖，Yukl（1998）也指出，魅力型领导的各种领导行为可能让下属感受到领导是超常和非凡的，因而导致下属依赖领导的指导和启发。Conger 和 Kanungo（1998）也指出魅力型领导有产生下属依赖的可能。他们认为，相对于其他领导形式来说，魅力型领导在使下属认同和产生依赖方面的强度是独一无二的。根据 Conger 和 Kanungo（1998）的研究，魅力型领导的下属的自尊依赖于领导的评价，他们的主要动力也来自于领导的认可和赞赏。此外，如果领导离开，下属会觉得失落和不安（Shamir，1991）。领导者的自恋倾向可能会加剧下属对领导的依赖（Hogan，Raskin and Fazzini，1990）。House 和 Howell（1992）指出，自恋与魅力型领导的某些特征密切相关。自恋的领导往往会否认他们的缺点，而且会过高地估计自己的能力，并拒不接受对他们观点或愿景的批评意见（Conger and Kanungo，1998；Shamir，1991）。

尽管众多的研究发现变革行为有助于激励下属，但是变革型领导的超凡魅力行为也可能导致下属产生对领导的依赖。有学者对此进行了解释：由于变革型领导中的超凡魅力行为部分与魅力型领导的行为十分相似，这意味着变革型领导也能引发下属的依赖感。[①] Kark 等（2003）发现，变革型领导会增强下属依赖，并且下属对领导的认同对该关系起着调节作用。然而，他们没有研究下属依赖会对组织利益的结果变量产生什么影响（比如绩效和创造力），该领域需要进一步研究。Bass 和 Steidlmeier（1999）提出了区分真假变革型领导的标准：能否拥有像道德代理人一样的道德品质是真假变革型领导的根本区别。相类似的还有对个性化魅力特征和社会化魅力特征的区分（Howell，1988），以及对道德领导和不道德领导的区分（Howell and Avolio，1992）。Kets de Vries 等（1999）指出，在真正的变革型领导下，下属依赖也可能提高。当然，也不能断言只有道德品质才能促进下属产生依赖。比如，Bass（1998）指出，在变革型领导和魅力型领导的非道德形式下，特别会出现下属依赖。

大量的学者都验证了变革型领导、魅力型领导等领导风格对组织绩效和创造力有积极影响，但研究结果并不总是一致。为了解释变革型领导与下属创新行为之间意想不到的负相关结果，Basu 和 Green（1997）提出了使用下属依赖作为中介机制。他们认为，变革型领导可能会抑制下属提出

[①] Ronit Kark，Boas Shamir and Gilad Chen，"The two faces of transformational leadership: Empowerment and dependency"，*Journal of Applied Psychology*，Vol.88，No.2，2003，pp.246–255.

与自己不相同的观点和创意，从而产生下属依赖和限制创新行为。

有学者强调，迄今为止变革型领导和魅力型领导的消极影响被学者们忽视了，应该对其进行进一步的研究（Beyer，1999；Yukl，1999）。据此，Eisenbeiß 和 Boerner（2013）提出，除非考虑了变革型领导的消极影响，否则无法完全理解变革型领导与下属创造力之间的关系。Eisenbeiß 和 Boerner（2013）把下属依赖作为研究变革型领导消极影响的突破口。之前也有学者持有类似的观点，比如，Basu 和 Green（1997）提出下属依赖在变革型领导与创造力的关系中很可能扮演着重要的角色；Conger 和 Kanungo（1998）也提出下属依赖是高变革型领导和高魅力型领导最基本的副作用。Eisenbeiß 和 Boerner（2013）进一步总结出下属依赖对创造力的消极影响通过认知过程和动机过程两个渠道进行：第一，从认知的角度看，下属依赖会抑制他们的创造力，因为下属对领导强烈的崇拜和依恋会导致下属毫无批判地全盘接受领导的观点，并在认知上无条件地忠诚领导（Basu and Green，1997；Gebert，2002），从而导致下属不会主动提出新理念，而是采用一种既定的解决方案和思维模式。第二，从动机的角度来看，下属依赖会使他们极力寻求领导的赞赏和认可（Conger，1990），他们不会公开表达可能导致与领导疏远的疑惑和批判性思维。Shamir（1991）进一步指出，如果领导缺席（比如生病或度假），会导致下属有迷失方向的感觉，并且会降低敬业度、工作自觉性和创造力。

第六节　团队心理安全的研究述评

一、团队心理安全概念的提出

20 世纪 90 年代中后期，组织行为学开始从团队成员的心理认知层面来研究团队，其中备受青睐的是团队心理安全理论。团队心理安全（Team Psychological Safety）这一概念是由美国哈佛大学管理学家 Edmondson（1999）提出来的。Edmondson（1999）将心理安全（Psychological Safety）概念引入团队研究便产生了团队心理安全。Schein 和 Bennis（1965）最早关注心理安全（Psychological Safety）构念，他们认为，组织内成员之间互相支持的普遍感受就是心理安全，这种相互支持的感受能促使成员更加愿意承担创新性和风险性的任务。他们还进一步提出，为了使员工因感到安全而改变行为，组织为员工营造一个心理安全的工作环境是必要的。Schein（1985）也提出心理安全可以帮助员工在组织中克服防御（Defensiveness）和学习焦虑（Learning Anxiety）等心理障碍。Kahn（1990）从个体层面的视角对心理安全进行了进一步的研究。

Edmondson（1999）首次将心理安全概念引入团队学习研究中，指出心理安全是指个人在工作环境中对人际冒险结果的认知，是团队成员的一种共同信念——团队内的人际冒险（Interpersonal Risk Taking）是安全的，成员间能相互容忍错误、相互鼓励、相互寻求帮助与反馈、可以提出不同意见并相互支持冒险等。在这样的工作环境中，员工可以舒适地做自己（Edmondson，1999），而这些人际信念必须建立在成员间相互信任、尊重和关心的基础上。[①] Edmondson（1999）进一步指出，当一个团队心理安全感较高时，团队成员由于花更少的时间去调节人际关系，从而有更多的时间去提出创新的建议和讨论建设性问题的解决方案。

在 Edmondson（1999）的基础上，不少学者对团队心理安全做了进一步的探索。比如，Baer 和 Frese（2003）把团队心理安全概念扩展到组织层面，从而提出了组织心理安全氛围概念，并指出组织心理安全氛围是一种正式或非正式的组织规范和程序，能指导和支持员工之间公开而且相互信任地进行互动。Edmondson（2004）指出，心理安全与信任是有区别的。

---

① 陈国权、赵慧群、蒋璐：《团队心理安全、团队学习能力与团队绩效关系的实证研究》，《科学学研究》2008 年第 26 卷第 6 期，第 1285 页。

一个区别是，心理安全关注的是自己，而信任关注的是他人。另一个区别是，心理安全属于一个狭窄并短暂的框架，而信任包含了一个广泛的时间范畴[①]。Tynan（2005）将团队成员个体心理安全划分为自我心理安全和他人心理安全两部分。

二、团队心理安全的测量

团队心理安全的测量研究得到了关注，研究者已经开发了一些量表。其中，被运用最广的是 Edmondson（1999）开发的量表。Edmondson（1999）通过理论推演、面试、观察、访谈以及会议等多种方式收集信息，开发了由七个题项构成的团队心理安全测量量表，题项有："如果你在团队里犯了错，团队成员常会因此而对你抱有意见""这个团队中的成员可以提出问题并坚持自己的看法""在这个团队中，有时表现不一样的人会遭到排斥""在这个团队中做冒险的事是安全的""在这个团队中，向其他成员寻求帮助是很难的""在这个团队中，没有人会故意诋毁、破坏我的努力"和"在与团队成员的合作中，我独有的技能和天赋会得到认可和利用"，其中第一、第三和第五这三个题项是反向计分的。该量表的内部一致性系数（Cranach's Alpha）为 0.795。

Tynan（2005）从个体层面将团队心理安全划分为自我心理安全与他人心理安全两个维度，并开发了测量量表，共 12 个题项，其中采用七个题项来测量自我心理安全维度，采用五个题项来测量他人心理安全维度，后五个题项（他人心理安全维度）均为反向计分。

国内也有学者对团队心理安全的结构与测量进行了研究。比如，吴志平和陈福添（2011）通过文献梳理、定性分析及定量分析等方法，开发了由直抒己见、互敬互重、人际冒险和彼此信任四个维度构成的量表，共

[①] Abrabam Carmeli, Roni Reiter-Palmon, Enbal Ziv, "Inclusive leadership and employee involvement in creative tasks in the workplace: The mediating role of psychological safety", *Creativity Research Journal*, No.22, 2010, p.252.

16 个题项。还有的学者认为当前团队心理安全测试量表题项太多，将 Edmondson（1999）等多个比较成熟的量表进行综合，从而提取出题项较少的量表。比如，张鹏程（2011）采用这种方法构成了一个只有四个题项的量表，Cronbach's α 系数为 0.76。

三、团队心理安全的前因研究

Kahn（1990）指出，直接影响心理安全的有"人际关系""群体与群体间动力""管理风格与过程"和"组织规范"这四个因素，并证明了领导风格属于影响团队心理安全的因素之一。May（2004）则指出，团队心理安全包含三个决定性因素：上级关系、同事关系和行为规范。无论是 Kahn（1990）提出的四个方面，还是 May（2004）提出的三个方面，研究者的关注度都不相同。主要的研究集中在管理风格与过程、组织规范、和上级关系几个方面。具体来看，从领导风格、领导行为、组织环境和团队特点等角度进行的研究较多。

领导风格和领导行为对心理安全有重要的影响，这也是当前研究者最为青睐的研究领域。Tyler 和 Lind（1992）提出，员工特别在意领导的行为和对事件的反应，领导的这种行为和反应将直接影响员工对安全的感知和判断。Edmondson（1999）也指出，如果领导属于独裁风格或者不接受新生事物，会导致员工拒绝从事有风险的行为。

当前，关于变革型领导和魅力型领导两种领导风格对团队心理安全的关系研究最多。有的将团队心理安全作为结果变量，有的将其作为中间变量。比如，Barling 等（2002）、Shin 和 Zhou（2003）都指出，变革型领导风格能为团队心理安全创造情境氛围。Desert 和 Burris（2007）也提出了类似的观点，并进一步提出变革型领导还可以通过团队心理安全的中介效应来影响员工意见表达。又如，Siemsen 等（2008）提出，魅力型领导更加关心与尊重员工，这会提高员工的心理安全感知。国内学者董临萍等（2008）、张鹏程（2011）等也赞成这个观点。

也有学者关注其他的领导行为对团队心理安全的影响。Edmondson（1999）指出，团队心理安全是领导指导、情境支持与团队学习间的中介变量。Tynan（2005）提出心理安全两维度（自我心理安全、他人心理安全）观点时，进一步指出"领导给予面子"与"自我心理安全"呈正相关关系，而"领导威胁敏感性"与"他人心理安全"呈正相关关系。

从组织环境角度进行研究的学者主要关注环境的稳定性、工作环境信任等对团队心理安全的影响。比如，Kahn（1990）认为，具有可预测、持续、清晰且不具威胁特点的环境能够促进心理安全感的形成。Edmondson（1999）、May（2004）都指出，团队心理安全感与团队成员对其工作环境的信任度呈正相关关系。李宁等（2007）也指出，组织信任与心理安全呈正相关关系，团队心理安全是组织心理安全作用与任务绩效的中介变量。

有学者提出，团队的异质性、沟通等特点对团队心理安全有影响（Gibson and Vermeulen，2002；Crot and Werner，1994；Lau and Mumighan，1998；Lau and Murnighan，2005）。

四、团队心理安全的结果研究

关于团队心理安全对团队创新影响的研究取得较大成果。研究表明，组织对创新带来的风险持积极态度时，员工将表现出更多的积极行为，比如，提出新的想法或者新的观点（West，1990），加强工作投入并表现出更多的创意（Brown and Leigh，1996），更加努力学习创新技能（Edmondson，1999），积极地合作并富有创造性地解决问题（Baer and Frese，2003）。Oldham 和 Cummings（1996）也根据创新的内在动机理论提出，当员工受到内在动机的驱动时，他们会表现出更多的创新行为。这些研究为团队心理安全能促进创新行为提供了理论基础。Edmondson（1999）提出，团队心理安全是团队创新的决定性因素之一。West（2002）指出团队可以通过持续发展组内安全来促进团队的创造力和创新性。Nemanich 和 Vera（2009）认为，团队心理安全对探索性创新和开发性创新都有促进作用。Bradley

等（2012）也指出，在这种心理安全的氛围里，团队不但允许，而且鼓励新思维和新建议。杨付和张丽华（2012）也提出，在一个心理安全感较高的团队，团队成员可以提出不同的观点而不必担心受到其他成员的批评、指责或惩罚，并且还能向其他成员寻求帮助与反馈，这种促进性环境有助于激发成员的创新行为。

当然，关于团队心理安全与团队创新的关系也有不同的声音。比如，Baer 和 Frese（2003）认为团队心理安全在团队创新机制中起着调节变量的作用。又如，唐翌（2005）指出，对团队心理安全与团队创新之间的中介机制研究不多，并通过实证研究证明了组织公民行为在两者之间的中介效应显著。

团队心理安全对团队绩效的影响机制也得到了学者的青睐。比如，Mayer（1995）指出，如果团队的心理安全较高，团队成员的工作投入就会提高，从而进一步提高团队绩效。Edmondson（1999，2001）对团队心理安全与团队绩效中介机制进行了探索，研究并证实了团队学习和创新行为两个中介变量。May（2004）也验证了团队心理安全与团队成员工作投入呈正相关关系。

另外，也有不少学者关注团队心理安全对团队学习的影响研究。比如，Edmondson（1999，2002）通过案例研究与定量研究证明团队心理安全可以促进学习行为。

第七节　权力距离的研究述评

一、权力距离概念的形成与发展

权力距离（Power Distance）这一概念是由荷兰社会心理学家 Mulder

（1977）提出来的。他指出所谓权力距离就是在同一组织或社会体系中，强权者与弱权者间权力分配的不平衡状态。Mulder（1977）使用这个概念的初衷是用来衡量强权者与弱权者之间的情感距离。之后，Hofstede（1980）将权力距离纳入文化研究领域，定义为组织中的个体对权力不平等分配的接受程度，并将其作为文化五因素模型的结构成分之一。Dorfman 和 Howell（1988）又将权力距离引入个体层面的研究，将权力距离定义为社会或系统中个人对于上下级权力关系的价值观和看法，而Oyserman（2006）则认为，权力距离是指个体对不平等社会现象（比如权力和财富的不平等分配）的接受程度。

总体上看，权力距离的研究经历了三个阶段，即国家和民族层面阶段、组织层面阶段和个体层面阶段。自从 Dorfman 和 Howell（1988）将权力距离的研究应用于个体层面后，越来越多的研究者在个体层面检验权力距离的有效性，比如研究权力距离与组织管理的关系或者将权力距离作为调节变量进行研究。

二、权力距离的测量工具

Hofstede（1980）的跨文化领域的权力距离量表共有三个题项，用来测量国家层面的权力距离，并使用权力距离指数（PDI）来衡量特定文化氛围中重视和尊重权威的程度。

Earley 和 Erez（1987）开发了个体层面的权力距离量表，共有八个题项，Cronbach's α 系数为 0.71。

Dorfman 和 Howell（1988）研发了包含六个题项的测试量表，Cronbach's α 系数为 0.70。

Robertson（2000）开发了测量文化差异的量表，其中权力距离文化差异维度共有五个题项，也有研究者将这五个题项作为权力距离的测试工具。

Farh 等（2007）开发了包含六个题项的测试量表，此量表的 Cronbach's α 系数为 0.76。

由于 Dorfmant 和 Howell（1988）的量表是以中国台湾员工为研究样本的，因而比较受国内研究者的关注。该量表包括"领导做决策时不需要征询我的意见""领导应该拥有一些特权""领导不应该和员工过多交换意见""上司应当避免与下属有工作之外的交往""下属不应该反对上级的决定"和"上级不应该把重要的事情授权给下属去解决"六个题项。

三、权力距离的实证研究

国家层面权力距离的实证研究主要集中在两方面：一是高权力距离国家与低权力距离国家之间的差别，二是哪些因素导致了权力距离的高低差异。比如，Hofstede（1980）的实证研究表明，权力距离小的国家有如下特点：人员之间的不平等降低到最低程度、拥有不同影响或权威的人员间应相互依赖、家长平等对待子女、学生平等对待老师、分权现象十分普遍、受教育程度较高的人比受教育程度低的人拥有更正确的权力主义价值观等，而权力距离大的国家的主要特点是：希望人员之间不平等、权威性不够高的人员应依靠社会影响大或有权威的人、家长教育子女要服从、学生尊重老师、集权现象十分普遍、受教育程度不同的人拥有同样的特权主义价值观等。彭麦克（1990）的研究发现，高权力距离国家的学生普遍认为"寡欲""中庸"和"清高"很重要，他们认为自己属于普通人，不应该有超其社会等级的抱负，而低权力距离国家的学生则重视适应和慎行，因为在更具平等主张的社会里，仅靠施展权力是解决不了问题的，学生们强调为了做成某些事情，拥有和运用灵活性相当重要。Hofstede（2010）指出，国家间权力距离差异的影响因素主要是地理纬度、人口规模和国家财富，其中地理纬度与权力距离呈负相关关系，人口规模与权力距离一般呈正相关关系，而国家财富与权力距离具有明显的负相关关系。Hofstede（2010）还指出，影响个体间权力距离的影响因素主要有"文化传统""受教育程度""组织性质"和"职位类型"四个方面。

组织情境中的权力距离研究主要集中在三个方面：一是对组织的影

响，二是对领导的影响，三是对员工的影响。

第一，权力距离对组织影响的研究。Chin 和 Pun（2012）指出，高权力距离组织不利于全面质量管理体系的运行。Erez（1994）从组织决策的角度对权力距离进行了研究，指出如果领导的权力距离高，则会认为员工不值得信任，员工无法全面认识组织问题，因此在决策时不需要员工的参与；高权力距离的下属十分赞同以上观点，喜欢上级直接做出决定，这样也不必承担工作责任。Khatri（2009）指出，高权力距离的组织很容易形成组织惰性，这对组织的长远发展不利。Kim（1999）发现权力距离与来自基层员工的沟通反馈呈负相关关系，Hofstede（2001）也指出在高权力距离的组织中，领导与下属间的非正式沟通是少见的。

第二，权力距离对领导影响的研究。Georgesen 和 Harris（2006）指出，高权力距离的领导十分强调维持自身在组织中的权威地位，不愿意与下级分享权力，因此较少对下级有授权行为。Francesco 和 Chen（2010）也指出，高权力距离的领导会认为，让下属参与决策会显得自己无能，从而会削弱自己的权威地位。可见，权力距离与授权行为呈负相关关系。James（1993）研究发现，高权力距离的领导者会表现出更多的辱虐管理行为。权力距离对领导风格倾向也有影响。House 等（2004）提出，权力距离与参与型领导和魅力型领导呈显著负相关关系；Bochner（2004）提出，高权力距离的领导倾向于家长式的领导风格；Koslowsky 等（2011）研究发现，高权力距离的领导倾向于选择任务导向的管理风格。有趣的发现是，高权力距离的领导的这种观点和行为都能被高权力距离的下属所接受和期望。

第三，权力距离对员工影响的研究。Clugston 等（2010）指出，员工的权力距离对组织承诺有影响，与规范承诺和持续承诺呈正相关关系，但对情感承诺的影响不显著。有研究表明，权力距离对员工的创新行为（Nakata and Sivakumar，1996）、创造性观点的产生（王垒等，2008）和建言行为（Botero and Van，2009；周建涛、廖建桥，2012）都有显著的负向影响，但对组织公民行为有正向影响（郭晓薇，2004；Lam and Law，

2009）。

另外，将权力距离作为调节变量的研究也比较集中，特别是个人层次的权力距离，往往用来作为领导行为与员工表现、员工效能与组织行为等关系的调节变量（谢俊等，2012）。比如，Farh 等（2007）指出，员工的权力距离越高，组织支持认知对员工工作表现的正向影响就越弱。

第八节　相关研究评析

一、包容型领导的实践需求远远超过了其理论发展

随着知识经济的到来，组织中出现了人力资源多元化、团队创新需求迫切等新特征，迫使领导风格需要从控制、等级、规则导向转化为包容型领导风格。[1] 然而，作为一种新型的领导理论，包容型领导理论还处于发展初期，当前的研究尚未形成一个完整的体系，特别是包容性增长、包容性创新、包容性发展、包容性文化等理念被提出来后，包容型领导的实践需求远远超过了其理论发展。[2]

目前关于包容型领导的概念界定和结构维度尚未形成统一认识，缺乏系统全面的测量工具。在不同的文化背景下，学者对包容型领导的概念界定不同，这不利于对包容型领导进行深入研究，势必影响包容型领导理论的进一步发展。虽然不少学者对包容型领导的维度进行了构建，有的还开发了测试量表，但大都是基于某一视角进行的研究，不够系统全面，大大

---

[1] Temple J.B., Ylitalo J., "Promoting inclusive leadership in higher education institutions", *Tertiary Education and Management*, Vol.15, No.3, 2009, pp.277-289.

[2] 方阳春：《包容型领导风格对团队绩效的影响——基于员工自我效能感的中介作用》，《科研管理》2014 年第 5 期，第 152 页。

降低了包容型领导理论的普适价值。

当前的研究还有一个十分明显的特点，几乎没有学者关注包容型领导是如何形成的，对其形成前因的研究还是一片空白。包容型领导的影响因素比较复杂，可能受组织环境和领导者本身素质的影响，甚至会受到其下属的影响，这些都需要进一步探索。另外，国内关于包容型领导的研究还非常少，相关的学术论文才十余篇，其中实证研究仅有三篇（即方阳春、金惠红，2014；马跃如等，2014；方阳春，2014）。不过可喜的是，已经有学者开始对包容型领导理论进行本土化研究，包括概念界定、维度构建和量表开发。

二、创造力的影响因素需要深入研究

当前，对个体层面组织创造力的研究较多，即使有一些学者进行了其他层面的研究，也仅仅局限于同一层次，而进行跨层次探索的简直就是凤毛麟角。组织创造力的多层次研究、跨层次研究和创造力过程研究将成为将来研究的重要方向。

当前取得的研究成果（特别是在促进或制约组织创造力的因素方面）为进一步扩展组织创造力研究范围打下了良好基础。情感（Sahlley et al.，2004；Amabile and Mueller，2007；Zhou，2007）、奖励（Amabile，Hennessey and Grossman，1986；Eisenberger and Armeli，1997；George and Zhou，2002）、时间维度（Ford and Sullivan，2004）等也被研究者纳入对组织创造力的影响因素。与其他研究领域相融合也是将来组织创造力研究的一个热门话题。比如，企业家研究与创造力研究、创新研究与创造力研究、战略研究与创造力研究、人力资源管理研究与创造力研究等都会有一些共同的研究话题。①

---

① ［美］周京、莎莉：《组织创造力研究全书》，魏昕等译，北京大学出版社 2010 年版，第 278-279 页。

创造力的跨文化研究也是亟待加强和十分必要的。通过跨文化研究可以探析不同文化背景下（如不同国家、不同地域）组织创造力的共性和个性，从而增强研究的实践价值。另外，从辩证的角度看，任何事物都有其两面性，既有积极的一面，也有消极的一面。组织创造力也不例外，既有积极的结果又有消极的结果（Mumford，2003）。未来的研究可探索创造力是否总是对组织产生积极影响，什么情况下创造力会对组织产生消极影响，又如何才能制止这些消极影响的产生。

三、包容型领导对下属创造力的影响研究屈指可数

众多的领导力与员工创造力的研究反映了当代组织对创造力的渴望，并肯定了领导者在其中的推动作用和重要地位。虽然当前对创造力和领导力的认识有了较大进展，但这一领域的研究仍然处于起步阶段。在组织行为学中，领导力和创造力是两个重要的研究领域，对它们之间的关系进行研究自然能得到越来越多的学者的青睐。从现有研究来看，创造力、领导力研究还有不少薄弱环节，可以作为将来的研究重点。比如：高层领导对员工创造力影响的实证研究；员工自我概念与创造性业绩之间的关系；员工的情绪和领导的情绪如何影响员工创造力；领导力如何影响不同形式和类型的创造力；创造力和领导力的测量；不同工作场合、工作类型中创造力领导力的特点；上级和同事对创造力的影响方式有什么不同；员工对创造力的倾向和参与如何影响和塑造组织内的领导力；全球化的视角、不同文化背景下的创造力和领导力研究。[①]

虽然不同学者提出了包容型领导的不同维度，但开放性、包容性等核心维度已经得到公认。领导的开放和包容给下属营造了一个更加和谐和安全的氛围，为下属标新立异地开展工作提供了很好的条件。因此，包容型领导对员工的创造力和创新行为应该具有显著的促进作用。而且，当前各

---

① ［美］周京、莎莉：《组织创造力研究全书》，魏昕等译，北京大学出版社 2010 年版，第 88-91 页。

类组织对创新行为和创造力也是十分渴望的。但遗憾的是，对于包容型领导和员工创造力之间的关系，目前研究得较少。

四、领导风格与下属依赖的关系研究刚刚兴起

下属依赖作为组织行为学的一个新兴领域，对其研究还缺乏系统性，还存在很多不足。笔者根据对当前文献的梳理对将来的研究提出评价和展望。

第一，下属依赖的内涵还需要进一步界定。当前对下属依赖的定义主要是进行描述性的解释，着重强调其具体表现，而没有从根源去揭示下属依赖的本质特征，这有待进一步研究。

第二，下属依赖的维度和测量研究还非常少。一个构念的内涵、维度和测量研究是整个研究体系的瓶颈，特别是测量研究直接影响到实证研究。目前两个主要的量表还有很大的局限性，Kark 等（2003）开发的量表为单维度，无法从认知、动机等多渠道探索下属依赖这个复杂的现象，Eisenbeiß 和 Boerner（2013）的量表虽然考虑到多维度因素，但其信度偏低（Cronbach's α = 0.705），而且五个维度中有三个维度都只有两个题项，对测量的准确性有一定的影响。

第三，对下属依赖的影响因素仅限于领导风格研究，还应拓宽研究视角，比如人格、人力资源管理实践等如何影响下属依赖，这都将成为未来的研究重点之一。

第四，下属依赖的实证研究太少，研究视角狭隘。当前的实证研究主要集中在魅力型领导和变革型领导对下属依赖的影响，少量研究将下属依赖作为传导机制纳入领导力对创造力（或绩效）的影响机制研究。将来可拓宽视野加强实证研究，比如包容型领导对下属依赖的实证研究还是空白。

第五，领导风格固然是影响下属依赖的主要因素，但几乎所有的研究都在关注什么样的领导行为或风格会增强下属的依赖，而哪些领导行为或风格可以减少下属依赖。换句话说，大部分研究者都是假设某种领导风格

与下属依赖呈正相关关系，而无人关注它们之间是否有呈负相关关系的可能和具体情形，更无人关注同一种领导风格是否在某些情形下增强下属依赖，而在另外的情形下又减弱下属依赖。这些都将成为未来的研究热点。

第六，从辩证的角度看，任何事物都有它的两面性，即积极方面和消极方面，下属依赖也不例外。目前的研究都在关注下属依赖的消极影响，而无人关注其积极的一面。比如，下属依赖是否在某些情景下能促进管理的有效性和任务性绩效等，这些都是值得进一步探索的领域。

五、团队心理安全与创造力的关系有待进一步确认

近些年，对团队心理安全的研究愈来愈多，形成了比较统一的概念体系。但是，这些研究也存在很多不足，有待将来进一步探索。第一，不同层面的团队心理安全在内涵和外延上的区别与联系，高层面（如组织层面）心理安全对低层面（如个体层面）心理安全是否有影响，这些都需要深入研究。第二，团队心理安全的维度和测量工具研究还需加强。对团队心理安全的维度研究很少，大部分学者认为其为单维度，也有学者认为团队心理安全是两个维度，即自我心理安全和他人心理安全（Tynan，2005），但当前认可度不高。关于团队心理安全测试工具也很少，当前开发的量表普适性不强。第三，对团队心理安全影响因素的考察角度较单一，缺乏多角度同时考察对团队心理安全的影响，还未探索出团队心理安全的影响机制。第四，团队心理安全与创造力等后效影响的关系还不明确。比如，团队心理安全到底是创造力的一个构成因素还是其调节机制？团队心理安全到底是直接影响创造力还是间接影响创造力？这些都需要进一步探索。

第三章 概念模型与研究假设

本书第二章对相关的理论和主要变量的研究现状进行了述评。本章将构建本书的概念模型，并提出相关的研究假设，具体从四个部分进行阐述：第一节对本书的核心概念进行逐一界定，以明确具体的研究领域，并为后续的实证研究打下基础；第二节基于组织支持理论和领导力—创造力理论两个视角推演出本书的理论模型；第三节根据理论模型和相关理论推导出相关的研究假设；第四节对研究假设进行汇总。

第一节 基本概念界定与操作性定义

基本概念界定是进行科学研究的重要基础（杨国枢，2006）。在此对包容型领导、下属依赖（包括下属认知依赖和下属动机依赖）、团队心理安全感、下属创造力、权力距离等核心概念进行界定，不但可以避免概念混淆，而且可以为后续进行概念的操作化测量打下基础。

一、包容型领导

包容型领导（Inclusive Leadership）在教育学领域和管理学领域的定义不同。教育学领域的包容型领导是指为适应包容性教育而形成的一种领导风格（Vitello and Mithaug，1998），是在学校中构建多样性和差异性交互式管理的整合过程（Rayner，2008，2009），强调利益相关者参与治理和管理，是一种平等的集体领导过程（Ryan，2007），而管理学领域的包容型领导是指领导从言行上表示出鼓励和欣赏下属的贡献，善于听取下属观点和认可下属贡献的领导方式，领导接纳和欣赏员工，接受员工的意见和贡献，鼓励和欣赏员工的努力（Nembhard et al.，2006）。

另外，包容型领导还有两层含义：一是特指领导者，二是特指一种领导方式或者风格。作为领导者的包容型领导是指接纳组织中各层级员工、为最终的结果负责的有价值领导者（Ospina，2011）。作为领导方式或者风格的包容型领导是指一种关系，即领导者与下属之间是基于尊重、认可、回应和责任的双向关系，在该关系下为达成双赢，领导与员工共同完成任务，更能激发员工的潜能和活力（Hollander，2009）。Carmeli 等（2010）指出包容型领导是关系型领导的核心形式。

本书将包容型领导界定为管理学领域中的一种领导风格，基本上采纳Carmeli 等（2010）的定义。因此，本书提出：

包容型领导（Inclusive Leadership）是一种在组织或团队中善于倾听和关注下属的需要，并表现出开放性、有效性和易接近性的领导风格。

二、创造力

创造力（Creativity）既是一个过程，又是一种结果。过程派的学者认为创造性过程能促进想法或产品等创造性成果的产生与发展（Dewey，1910；Wallas，1926；Koesler，1964；Stein，1967；Amabile，1983）。结果派的学者认为创造力就是新颖的事物，创造性成果就是头脑风暴的产物，涉及流畅性（创意的数量）、灵活性（想法涉及类别的数量）和原创性（Rogers，1954；Amabile，1983，1988；Mumford and Gustafson，1988；Shalley，1991）。

从研究领域来看，创造力又可以分为一般创造力和组织创造力。一般创造力是指心理学领域中的创造力研究，关注的是一般性情境中的创造力，旨在从心理学的视角去探索诸如儿童创造力、艺术创造力、科学家创造力等的一般性规律（Cox，1926；Galton，1870；Mackinno，1962；Barron，1968；Simonton，1975；Newell et al.，1962；Kirton，1976，1994），而组织创造力只关注工作或组织中的创造力，旨在从组织行为学的视角去探索工作情境中创造力的规律（Amabile，1988，1996；Woodman et al.，1993；Eisenberger et al.，1994；Farmer et al.，2003；George et al.，2001，2002；Gilson et al.，2004；Zhou et al.，2001；Shalley et al.，2001）。另外，从关注创造力的层面来看，当前对组织创造力的研究又可分为个体创造力和团队创造力。

本书认为，创造力既是一个过程又是一个结果，并且还是一种潜质或能力。换句话说，创造力是一种可以通过创造性过程来取得创造性结果的潜质或能力。本书将创造力界定为组织创造力中的个体创造力。采纳Woodman等（1993）和Amabile（1996）的观点，本书提出：

创造力（Creativity）是指产生新颖的、切实可行的事物和想法，并且对组织具有潜在价值，包括新的产品、服务、方法及管理流程等。

三、下属依赖、下属认知依赖和下属动机依赖

下属依赖（Followers' Dependency）是组织行为学中的一个新兴研究领域，不同于心理学中的依赖性人格（Dependent Personality）。一个依赖的人需要从他人那里得到外来的认同、引领和指导，从而弥补自己的不足，而且接受、赞成并主张他人的价值（Birtchnell，1988）。依赖性是权力的关键，掌控的资源是重要的、稀缺的和不可替代的，就会增加他人对你的依赖性（H. Mintzberg，1983）。反之，如果领导比下属更强大、更能干，下属就会像支持和拥护父母一样支持和拥护领导（Kets de Vries and Miller，1984），且自我意识很容易受到上级的影响（Conger，Kanungo and Menon，2000）；其会认为领导是无所不能的，并渴望得到领导的保护而感到安全（Kets de Vries，1988）。下属对领导的依赖体现在认知和动机两个

方面（Eisenbeiß and Boerner，2013）。

本书的下属依赖属于组织行为学领域。由于当前尚未发现有学者对下属依赖进行直接定义（大多数研究仅描述了相关特征），本书在 Birtchnell（1988）、Eisenbeiß 和 Boerner（2013）等的基础上，提出如下定义：

下属依赖（Followers' Dependency）是指员工因崇拜或信任领导而产生的，在认知或动机方面离不开领导的认同、引领和指导的一种心理状态。

Eisenbeiß 和 Boerner（2013）提出下属依赖包含认知成分和动机成分，并指出认知成分包括专业技术依赖和盲目崇拜两个因子，动机成分包括工作动机依赖、工作投入依赖和力求认可三个因子。为了进一步探索下属依赖的内部结构，深入研究认知依赖与动机依赖的区别与联系，本书还将分别研究下属认知依赖和下属动机依赖如何在包容型领导对下属创造力的作用机制中起作用。为此，本书提出：

下属认知依赖（Followers' Cognitive Dependency）是指员工在感觉、知觉、记忆、想象、思维等信息加工活动中对领导的依赖。

下属动机依赖（Followers' Motivational Dependency）是指员工为实现组织目标而付出努力的愿望对领导的依赖。

四、团队心理安全感

心理安全（Psychological Safety）是组织内成员之间互相支持的一种普遍感受，这种感受能促使成员承担创新性和风险性的任务（Schein and Bennis，1965）；是可以展示真实的自我并且不用担心因此而产生负面影响的一种感知（Kahn，1990）。也有学者将心理安全概念引入团队研究便产生了团队心理安全（Team Psychological Safety）这一概念（Edmondson，1999）。Baer 和 Frese（2003）又把团队心理安全概念扩展到组织层面，从而提出了组织心理安全氛围概念，并指出组织心理安全氛围是一种正式或非正式的组织规范和程序，其能指导和支持员工之间公开而且相互信任地进行互动。Tynan（2005）又将团队成员个体心理安全划分为自我心理安全（Self Psychological Safety）和他人心理安全（Other Psychological Safety）两部分。

本书将团队心理安全感界定为员工个体层面在团队中的心理安全感知。借鉴 Edmondson（1999）的观点，本书提出：

团队心理安全感（Team Psychological Safety）是指个人在团队中对人际冒险是否安全的认知。

五、权力距离

权力距离（Power Distance）的含义有三个层面：国家层面、组织层面和个体层面。国家层面的权力距离被广泛用于跨文化研究领域，是在同一组织或社会体系中强权者与弱权者间权力分配的不平衡状态（Mulder，1977），用来描述不同国家和民族文化背景下的民众对于权力关系的价值观。组织层面的权力距离被用于描述组织中上下级之间的关系，是指组织中的个体对权力不平等分配的接受程度（Hofstede，1980）。个体层面的权力距离是指社会或系统中个人对于上下级权力关系的价值观和看法（Dorfman and Howell，1988），用于衡量组织中个体对权力分配不平等的可接受程度。

本书将权力距离界定为个体层面，并采纳 Dorfman 和 Howell（1988）的观点，提出：

权力距离（Power Distance）是指社会或系统中个人对于上下级权力关系的价值观和看法。

基本概念界定与操作性主义汇总如表 3-1 所示。

表 3-1　基本概念界定与操作性定义汇总

概念	研究领域界定	操作性定义	来源
包容型领导	管理学领域（区别于教育学领域）；领导风格（区别于领导者）	包容型领导（Inclusive Leadership）是一种在组织或团队中善于倾听和关注下属的需要，并表现出开放性、有效性和易接近性的领导风格	采纳 Carmeli 等（2010）的观点

概念	研究领域界定	操作性定义	来源
创造力[①]	组织创造力（区别于一般创造力）；个体创造力（区别于团队创造力）	创造力（Creativity）是指产生新颖的、切实可行的事物和想法，并且对组织具有潜在价值，包括新的产品、服务、方法及管理流程等	采纳 Woodman 等（1993）、Amabile（1996）的观点
下属依赖	组织行为学领域（区别于心理学、医学、哲学等领域）	下属依赖（Followers' Dependency）是指员工因崇拜或信任领导而产生的、在认知或动机方面离不开领导的认同、引领和指导的一种心理状态	笔者在综合前人观点的基础上提出
下属认知依赖	组织行为学领域	下属认知依赖（Followers' Cognitive Dependency）是指员工在感觉、知觉、记忆、想象、思维等信息加工活动中对领导的依赖	笔者在综合前人观点的基础上提出
下属动机依赖	组织行为学领域	下属动机依赖（Followers' Motivational Dependency）是指员工为实现组织目标而付出努力的愿望对领导的依赖	笔者在综合前人观点的基础上提出
团队心理安全感	个体层面（区别于团队层面）	团队心理安全感（Team Psychological Safety）是指个人在团队中对人际冒险是否安全的认知	借鉴 Edmondson（1999）的观点
权力距离	个体层面（区别于国家层面和组织层面）	权力距离（Power Distance）是指社会或系统中个人对于上下级权力关系的价值观和看法	采纳 Dorfman 和 Howell（1988）的观点

第二节 理论模型构建

一、基于组织支持理论的推演

组织支持理论（POS）由 Eisenberger 等（1986）提出，是在社会交换

---

① 本书中的创造力是指下属的创造力，表明本书关于创造力的研究对象是下属，而不是提出了一个有别于创造力的新构念。

理论（SET）基础上发展而来的。因此，组织支持理论也遵循社会交换理论中的互惠原则，以信任或公平为桥梁在组织与员工之间发挥作用。当然，组织支持理论作为一种新的理论也有其独特的规律和作用机制。

组织支持（或称组织支持感）是员工对来自组织方面的支持力度的感知，即员工对组织如何看待他们的贡献、是否关心他们的利益的感知（Eisenberger et al.，1986）。组织支持感的相关研究表明，公平、领导支持、组织奖赏和良好的工作条件能增强组织支持感，组织支持感又能增强员工的组织承诺、组织公民行为和绩效（以关系绩效为主），还能降低员工的离职意向、消极怠工、缺勤率和自愿离职等[①]。

组织支持理论指出，组织可以向员工提供尊重、亲密等情感性支持（Eisenberger et al.，1986）和设备、信息、工具、资源等工具性支持（McMillin，1997），或者提供适应性支持、感知事业性支持和感知经济性支持（Kraimer and Wayne，2004）。员工一旦感知到来自组织的这些支持，其心理状态将发生三个方面的变化：第一，产生情感债务（Feelings Obligation），即员工从情感上觉得亏欠组织，从而有可能用一定形式的产出来回报组织；第二，满足了社会—情感需求（Socio-Emotional Needs），即员工在社会情感方面的某种或某些需求得到了满足，从而促进了员工的工作产出；第三，形成成果期望（Outcome Expectancies），即员工从动机上得到了激励，增强了对工作成果的期望，从而促进工作产出。

包容型领导（Inclusive Leadership）是关系型领导的特殊形式和核心，包容型领导者关注追随者的行为，能够倾听和关注追随者的需要，在和追随者的互动中表现出开放性、有效性和易接近性[②]，领导与下属之间是基于尊重、认可、回应和责任的关系（Hollander，2009）。显而易见，包容

---

① 凌文辁、杨海军、方俐洛：《企业员工的组织支持感》，《心理学报》2006年第38卷第2期，第281-287页。

② Abrabam Carmeli, Roni Reiter-Palmon, Enbal Ziv, "Inclusive leadership and employee involvement in creative tasks in the workplace: The mediating role of psychological safety", *Creativity Research Journal*, No.22, 2010, p.254.

型领导者的诸多言行都能让员工感到组织的支持和关心。比如，乐意倾听下属新的想法，关注改进工作流程的新机会，乐意与下属讨论工作目标及完成任务的新方法（Carmeli et al.，2010）；善于听取下属观点，鼓励和欣赏员工的努力，认可下属的贡献（Nembhard et al.，2006；Low，2012）；善于为员工遇到的问题提供参考意见，随时有空接见下属，善于解答下属请教的业务方面的问题，随时愿意倾听下属的诉求（Carmeli et al.，2010）；鼓励员工自我表达，支持自主性，接受非正统的想法，通过榜样作用启发员工（Mumford et al.，2002）；包容下属的观点和失败，鼓励员工建言（方阳春，2014）；支持创新、赋予员工自主权、激发员工智慧；鼓励下属在遇到新问题的时候向他寻求帮助，乐意与员工讨论工作上出现的新问题（Carmeli et al.，2010）；等等。

根据组织支持理论可知，包容型领导者如上的言行所带来的组织支持和关心也能满足员工的社会情感需求（比如心理安全），使员工产生情感债务，激励员工的成果期望。因此，员工也会以一定形式的产出来回报以领导为代表的组织，比如展现出更强的创造力或者有更多的创新行为。

综上所述，本书将基于组织支持理论的"组织支持→社会情感需求→员工产出"的思路，探索包容型领导（组织支持）与下属创造力（员工产出）之间的关系，并以团队心理安全感（社会情感需求）为中介变量，即包容型领导（组织支持）→团队心理安全感（社会情感需求）→下属创造力（员工产出）。

另外，Stephen 和 Timothy（2012）曾说：组织行为学中没有绝对的真理。他们进一步解释道：组织行为学的理论必须反映情境或权变条件，通过把一般性的理论加以调整后再应用到特定的情境、个人和群体中。因此，引入情境因素更有利于探索包容型领导对下属创造力的作用机制。将组织情境和文化脉络加以考虑已经被组织行为学研究者公认（Rousseau and Fried，2001）。个人层次的权力距离常常用来作为领导行为与员工表现关系的调节变量（谢俊等，2012）。比如，Farh 等（2007）在研究组织支持对员工工作表现的影响时将权力距离作为调节变量，研究发现员工的权力距离越高，组织支持认知对员工工作表现的正向影响就越弱。因此，本书还选择了权力距离作为包容型领导、团队心理安全感和下属创造力三者之间关系的情境因素（调节变量）。

二、基于领导力—创造力理论的推演

领导力—创造力理论是由 Tierney（2007）提出来的。领导力—创造力理论指出，领导力有个体层面、两人对子层面、团队层面和组织层面四个层面。领导力存在于多个层次上（Kozlowski and Klein，2000；Woodman et al.，1993）。该模型还指出，领导力可以通过领导特质、领导行为和领导与下属的关系三个渠道来影响员工的认知、动机和能力，从而影响员工的创造力。[①]

诸多的领导特质都能不断地领导他人进行创造（Tierney et al.，1999）。比如，一般智商（Gibson，Fiedler and Barrett，1993）和情商（Mumford et al.，2002；Zhou and George，2003）；具备创造性的认知风格，懂得欣赏创造力（Kirton，1976）；具备专业技术（Farris，1988；Mumford，2002）；内在的创造性工作动机（Tierney，1999）；精通创造性解决问题的技巧和帮助他人进行创造的社会技巧（Mumford，2002）；拥有察觉不同员工风格的直觉（Basadur，2004）；计划能力（Marta，Leritz and Mumford，2005）；等等。

领导者可以根据一定的行为套路来提高员工的创造力（Hunt，Stelluto and Hooijberg，2004）。比如，适度控制和监督下属的工作（Amabile et al.，2004；Farris，1988；Krause，2004；Oldman et al.，1996；Stahl et al.，1978；Tierney，2003；Zhou，2003）；允许员工参与和创造力相关的活动（Amabile et al.，2004；Choi，2004；Pelz and Andrews，1966）；构建一个能驱动员工创造力的结构（Amabile，1988；Muford et al.，2002）；对复杂

---

① ［美］周京、莎莉：《组织创造力研究全书》，魏昕等译，北京大学出版社 2010 年版，第 76 页。

的任务进行分类并指导（Redmond，Mumford and Teach，1993）；创造结构来处理创造性活动和结果的复杂性（Halbesleben et al.，2003）；对员工创造力的创意支持、工作支持和社会支持（Amabile et al.，2004；Mumford et al.，2002）；表现出同理心和体谅员工（Farris，1988；Amabile et al.，1996；Frese，Teng and Wijnen，1999；Amaible et al.，2004）；做员工的创造力榜样（Mumford and Gustafson，1988；Mumford et al.，2002；Shalley and Perry-Smith，2001；Tierney and Farmer，2002，2004）；对员工创造力的努力和成果表现出期望（Scott and Bruce，1994）或者给予奖励和认可（Tierney，2003；Tierney and Farmen，2002，2004）；培养员工对创造能力的自信心和创造力自我效能感（Redmond et al.，1993；Ford，1996）；等等。

领导力存在于领导者与员工之间，领导与员工之间的关系不同，对员工创造力的促进作用也不一样。比如，当员工感受到自己与领导之间存在着强烈的关怀时，他们会对创造力工作产生更多的投入感（Kahn，1998）；高质量的领导成员交换关系（LMX）能促进员工的创造性绩效（Tierney，1992，1999，2000；Scott and Bruce，1994；Basu and Green，1997；Tierney et al.，1999；Graen and Scandura，1987；Liden and Graen，1980；Amabile，1988）。

领导力—创造力理论还指出，领导力与创造力之间除了直接影响外，还通过员工认知、员工动机和员工能力影响创造力。即员工认知、员工动机和员工能力是领导力与创造力之间的中介变量。因此，领导力—创造力理论的基本理论框架就是：领导力要素（特质、行为、关系）→演变系统（员工的认知、动机和能力）→员工创造力。根据该理论框架，本书将探索包容型领导（领导力要素）对下属创造力（员工创造力）的影响机制。

为了更全面地揭示"包容型领导"与"员工创造力"之间的关系，同时为了响应Beyer（1999）、Yukl（1999）、Eisenbeiß 和 Boerner（2013）等的呼吁，本书同时从积极影响和消极影响两个方面对包容型领导进行探索。在当前的研究中，一些备受推崇的领导风格（如变革型领导和魅力型领导）的消极影响被学者们忽视了（Beyer，1999；Yukl，1999），同时探讨领导风格的积极影响和消极影响的研究更是凤毛麟角。Eisenbeiß 和 Boerner（2013）在研究变革型领导时也呼吁，除非考虑了该领导风格的消极影响，否则无法完全理解该领导风格与下属创造力之间的关系。

心理安全感作为包容型领导的积极产出已经得到证实（Carmeli et al.，2010；Hirak et al.，2012；Nembhard et al.，2006）。下属依赖成为一些领导风格（如高魅力型领导和高变革型领导）最基本的副作用也得到了验证（Eisenbeiß and Boerner，2013；Conger and Kanungo，1998；Basu and Green，1997）。因此，本书选择团队心理安全感作为包容型领导的积极影响，选择下属依赖作为包容型领导的消极影响。同时将团队心理安全感和下属依赖作为包容型领导与下属创造力关系的中介变量，其中团队心理安全感属于员工认知，下属依赖中的下属认知依赖也属于员工认知，下属依赖中的下属动机依赖则属于员工动机。

综上所述，本书基于领导力—创造力理论的"领导力要素（特质、行为、关系）→演变系统（员工的认知、动机和能力）→员工创造力"的思路，将通过团队心理安全感和下属依赖（演变系统：员工的认知和动机）的中介作用，来探索包容型领导（领导力要素）对下属创造力（员工创造力）的影响机制，即包容型领导（领导力要素：特质、行为、关系）→团队心理安全感和下属依赖（演变系统：员工的认知和动机）→下属创造力（员工创造力）。

三、理论模型的构建

综合以上基于组织支持理论和领导力—创造力理论的推导，本书响应 Beyer（1999）、Yukl（1999）、Eisenbeiß 和 Boerner（2013）等的呼吁，同时从正反两方面来分析领导风格带来的影响，将从积极影响和消极影响两个方面探索包容型领导对下属创造力的影响机制，并选取团队心理安全感（积极影响）和下属依赖（消极影响）作为中介变量。另外，选取权力距离作为调节变量。

本书的理论模型如图 3-1 所示。

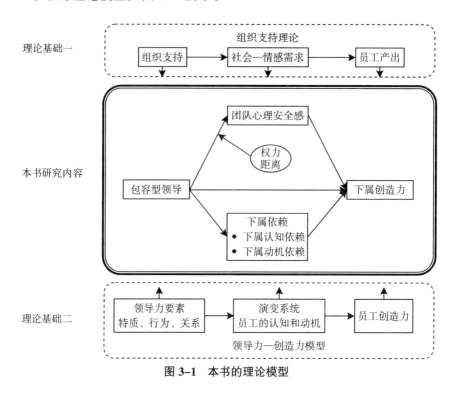

图 3-1 本书的理论模型

第三节 研究假设及其推导

一、包容型领导与下属创造力的关系

根据社会交换理论可知，人们在社会交换过程中遵循互惠原则。员工与其所在的组织之间也遵循这个规律，有学者指出，当员工在组织中获得经济和社会情感资源后，就会产生一种回报组织的责任意识（Cropanzano and Mitchell，2005）。包容型领导风格下，领导者的开放性、有效性和易接近性能使员工获得更多的经济及情感资源，从而使员工产生以某种（或某些）方式报答组织的责任。在工作中表现出更高的创造力是员工回报组织的重要方式之一。可见，组织用包容型领导行为能够换取下属更高的创造力是有理论支撑的。

根据 Tierney（2007）的领导力—创造力理论可知，领导可以通过特质、行为和关系三大途径来促进员工的创造力。任何一种领导风格都有其独特的个人特质、行为方式和与下属的关系。

从领导特质角度来看，很多领导者的个人特征都能促进下属进行创造性工作（Tierney et al.，1999），比如高智商（Gibson，Fiedler and Barrett，1993）、高情商（Mumford et al.，2002；Zhou and George，2003）、创造性的认知风格（Kirton，1976）、过硬的专业技术（Farris，1988；Mumford，2002）、创造性工作动机（Tierney，1999）、精通创造性解决问题的技巧（Mumford，2002）、拥有社会技巧（Mumford，2002）、拥有察觉员工风格的直觉和管理这些风格的能力（Basadur，2004）、计划能力（Marta，Leritz and Mumford，2005）等。

从领导行为角度来看，领导者可以通过一定的行为套路来促进员工的创造力（Hunt，Stelluto and Hooijberg，2004），比如适度地控制和监督下属（Amabile et al.，2004；Farris，1988；Krause，2004；Oldman et al.，1996；Stahl et al.，1978；Tierney，2003；Zhou，2003）、允许员工参与和创造力相关的活动（Amabile et al.，2004；Choi，2004；Pelz and Andrews，1966）、构建能驱动员工创造力的组织结构（Amabile，1988；Muford et al.，2002；Halbesleben et al.，2003）、加强工作指导（Redmond，Mumford and Teach，1993）、支持员工创造性工作（Amabile et al.，2004；Mumford et al.，2002）、有同理心和体谅员工（Farris，1988；Amabile et al.，1996，2004；Frese，Teng and Wijnen，1999）、做创造力榜样（Mumford and Gustafson，1988；Mumford et al.，2002；Shalley and Perry–Smith，2001；Tierney and Farmer，2002，2004）、对员工创造力表现出期望（Scott and Bruce，1994）、给予奖励和认可（Tierney，2003；Tierney and Farmen，

2002，2004)、加强创造力培养 (Redmond et al.，1993；Ford，1996) 等。

从领导与员工关系的角度来看，当员工感受到自己与领导之间存在着强烈的关怀时，他们会对创造力工作产生更多的投入感 (Kahn，1998)，高质量的领导下属交换关系 (LMX) 能提高员工的创造性绩效 (Tierney，1992，1999，2000；Scott and Bruce，1994；Basu and Green，1997；Tierney et al.，1999；Graen and Scandura，1987；Liden and Graen，1980；Amabile，1988)。

由此可见，领导风格对下属创造力的影响已基本上达成共识。

包容型领导作为一种新型的领导风格，具有开放性、有效性、易接近性等特点 (Carmeli et al.，2010)，能对成员的责任感、成员之间的协作性和团队有效性进行较好的预测 (Low，2012)。Hollander (2009) 指出，包容型领导是指领导者与下属之间是基于尊重、认可、回应和责任的双向关系，在该关系下，为达成双赢，领导与员工共同完成任务，更能激发员工的潜能和活力。这些都可能为员工营造有利于创造性开展工作的氛围。

包容型领导是善于听取下属观点和认可下属贡献的领导方式，领导接纳和欣赏员工，接受员工的意见和贡献，鼓励和欣赏员工的努力 (Nemb-hard et al.，2006)。包容型领导欣赏员工能使下属有被尊重的感觉，这可以使其增强主人翁责任感 (Low，2012)，从而更愿意为组织或团队的长远发展而承担因创新等带来的风险。

同时，包容型领导鼓励员工能使下属感到被关怀、得到了支持和理解，而对员工的关怀、支持和同情有助于促使员工创造力的产生。鼓励员工自我表达，支持自主性、接受非正统的想法，通过榜样作用启发员工等都能促进员工的创新行为产生 (Mumford et al.，2002)。

另外，包容型领导能够包容员工的观点和失败，对员工的建言行为有鼓励作用，包容失败和鼓励建言都能促进团队的创新 (方阳春，2014)。姚明晖等 (2014) 也指出，包容型领导有可能会促进员工的创新行为。

Carmeli 等 (2010) 进一步提出，包容型领导是关系型领导的特殊形式和核心，包容型领导者关注追随者的行为，能够倾听和关注追随者的需要，在和追随者的互动中表现出开放性、有效性和易接近性。

包容型领导的开放性表现在乐意倾听下属新的想法、关注改进工作流程的新机会、乐意与下属讨论工作目标及完成任务的新方法等方面（Carmeli et al.，2010）。根据社会学习理论（Social Learning Theory）可知，个体可以通过观察他人进行学习，可以通过观察特定情境下其他组织成员的行为来了解组织中的哪些行为可以被接受或不被接受，以调整自己的行为（Bandura，1977，1986）。包容型领导的开放性要求领导本身也应具有冒险精神，支持创新行为，甚至拥有很强的创造力。领导的冒险精神（Matthew，2009）和自身很强的创造力（Ilies，Morgeson and Nahrgang，2005；Matthew，2009）都能发挥示范效应，给员工提供学习的榜样，从而促进员工从事创新工作。另外，包容型领导通过支持创新、赋予员工自主权、激发员工智慧等行为也能增进员工的探索性思考。

包容型领导的有效性表现在善于为员工遇到的问题提供参考意见、随时有空接见下属、善于解答下属请教的业务方面的问题、随时愿意倾听下属的诉求等方面（Carmeli et al.，2010）。包容型领导的有效性来自于其自身良好的个人品质、专业素质和综合素质。集聚能力强、品德好、敢冒险、亲和力强等优点于一身的包容型领导必定是魅力四射。有研究指出，领导魅力可以激发下属的崇拜、尊敬和忠诚，从而促使下属提出新的想法。而且，领导的优秀品质也能激发员工创新行为（Lee and Robert，2010）。

包容型领导的易接近性表现在鼓励下属在遇到新问题的时候向他寻求帮助、员工可容易地与其讨论工作上出现的新问题等方面（Carmeli et al.，2010）。包容型领导的易接近性给下属一种平易近人的感觉，有利于建立高质量的领导成员交换关系。有研究表明，高质量的领导成员交换关系情境下，员工将因为不必担心失败而提高创造行为和创造力（Graen and Uhl-Bien，1995）。

综合以上分析，本书提出如下假设：

H1：包容型领导对下属创造力有正向影响。

二、包容型领导与团队心理安全感的关系

Kahn（1990）指出，领导风格属于影响团队心理安全的因素之一。Tyler 和 Lind（1992）也提出，员工特别在意领导的行为和对事件的反应，领导的这种行为和反应将直接影响员工对安全的感知和判断。领导行为（Edmondson，1996；Nembhard and Edmondson，2006）和人际关系（Carmeli，Brueller and Dutton，2009；Carmeli and Gittell，2009；May，2004）能对员工的心理安全感产生影响。一些积极的领导行为和高质量的人际关系被证实能促进员工的心理安全感。比如，真诚地关照和关心下属等仁慈领导行为、对下属的支持、提高相互间的信任（Burke，Sims，Lazzara and Sales，2007）、邀请并欣赏员工的投入（Nembhard and Edmondson，2006）等。Carmeli、Brueller 和 Dutton（2009），Carmeli 和 Gittell（2009）等研究指出高质量的人际关系能促进心理安全的发展。

Edmondson（2004）指出，当领导展示出开放性、有效性和易接近性时，能促进员工心理安全的发展。领导通过告知创新行为的重要性来鼓励下属提出新的想法和冒险行为，并保证这些行为不会给下属带来不利后果。当领导开放、倾听下属意见、愿意讨论实现目标的新方法、关注新机遇时，下属可能会认为提出新想法和冒险行为是安全的，哪怕是提出基本上推翻常规的想法也是允许的。

同理，当领导对下属展现出有效性和易接近性时，相当于发出了明确的信号告知下属接近他们是安全的，并且对员工创造性地解决问题是有效的和易接近的。[1] 然而，具有开放性、有效性和易接近性风格的领导者就是包容型领导。可见，包容型领导能够促进员工心理安全感的产生。

Carmeli 等（2010）以 150 名企业研发部门的员工为样本，实证研究证

---

[1] Abrabam Carmeli, Roni Reiter-Palmon, Enbal Ziv, "Inclusive leadership and employee involvement in creative tasks in the workplace: The mediating role of psychological safety", *Creativity Research Journal*, No.22, 2010, p.252.

实了包容型领导能够提高员工在工作场所的心理安全感。Nembhard 和 Edmondson 等（2006）通过实证研究证明了包容型领导对员工的心理安全感有正向影响。Hirak 等（2012）的实证研究也得出了相同的观点。

因此，本书提出如下假设：

H2：包容型领导对团队心理安全感有正向影响。

三、包容型领导与下属依赖的关系

如果领导比下属更强大、更能干，下属就会像支持和拥护父母或者其他重要人物一样支持和拥护领导（Kets de Vries and Miller，1984），也就是说，有魅力的领导增强了下属对他们的依赖（Kets de Vries，1988）。Kets de Vries（1988）从精神分析理论的角度进行了解释，在幼儿眼中父母几乎是全能的和完美的，从而感到被保护和安全。虽然这种被完全保护的需求在青春期会逐渐消退，但某些领导风格可能会重新唤醒这种潜在的需求。

有研究表明，当下属面对有歧义和不确定的局面时，比较趋向于向负责任的领导求助。同时，领导为了承担理顺混乱局面的责任，又会想方设法提升下属对他们的信任、认同乃至崇拜，并可能成为下属在价值观、信仰和行为等方面的偶像和榜样（Gardner and Avolio，1998；Kark，Shamir and Chen，2003）。Yukl（1999）进一步指出，这些领导者往往通过高水平的情感投入和依恋来影响下属，从而使下属对领导产生依赖。

Conger 等（2000）也认为，在团队环境中，下属的自我意识很容易受到上级和在决策时有信心和信念的人影响。换句话说，当他们感知到领导拥有超强的能力和品质时将会对领导产生崇拜感。可见，有魅力的领导风格更能让下属产生依赖感。比如魅力型领导（Conger，1990；Yukl，1998；Popper and Mayseless，2003；Conger and Kanungo，1998；Shamir，1991）和变革型领导（Popper and Mayseless，2003；Kark，Shamir and Chen，2003）能增强下属对领导的依赖已经得到证实。

然而，包容型领导也是一种魅力十足的领导风格。首先，包容型领导的开放性决定了领导者是包容的、与时俱进的和开明的。对于那些守旧的、传统的和斤斤计较的领导而言，包容型领导确实能产生更大的人格魅力。其次，包容型领导的有效性决定了领导者是有能力的、效率高的和能为下属解决难题的，也就是说比下属更强大、更能干，说明包容型领导也会被下属崇拜和依赖。最后，包容型领导的易接近性决定了领导者是容易接近的和平易近人的。开明且能干的领导已经深受下属欢迎了，再加上又十分平易近人，这就更加类似幼儿眼中父母的形象——全能而又亲切。可见，包容型领导也能增强下属的依赖感。

综合以上分析，本书提出如下假设：

H3：包容型领导对下属依赖有正向影响。

Eisenbeiß 和 Boerner（2013）指出下属依赖可分为下属认知依赖和下属动机依赖两大成分。因此，进一步假设：

H3a：包容型领导对下属认知依赖有正向影响；

H3b：包容型领导对下属动机依赖有正向影响。

四、团队心理安全感与员工创造力的关系

当工作环境对承担创新活动的风险持积极态度时，员工更有可能积极提出新的想法或者新的观点（West，1990），更好地学习创新技能（Edmondson，1999），加强工作投入并付出更多的努力发挥其创意（Brown and Leigh，1996），积极地合作并富有创造性地解决问题（Baer and Frese，2003）。Oldham 和 Cummings（1996）也根据创新的内在动机理论提出，当员工受到内在动机的驱动时，他们会表现出更多的创新行为。

从定义和内涵来看，心理安全恰恰就是对员工进行冒险活动所持的一种积极态度。Kahn（1990）指出心理安全是能够充分展示自我而不用担心产生负面影响的一种感知。Schein 和 Bennis（1965）认为心理安全是组织内成员之间互相支持的一种普遍感受，这种感受能促使成员承担创新性和

风险性的任务。Edmondson（1999）也提出，当一个团队心理安全感较高时，团队成员由于花更少的时间去调节人际关系，从而有更多的时间去提出创新的建议和讨论建设性问题的解决方案。

另外，当员工团队心理安全感高时，他们更容易产生满意、快乐、得意、放松等好的心境，而心境好的员工更富有创造性（Isen，1999；Lyubomirsky，King and Diener，2005），他们会提出更多新颖的想法和做出更具创造性的选择（Grawitch，Munz and Elliott，2003）。

Edmondson（1999）进一步提出，团队心理安全感的高低很大程度上决定了团队的创新能力。West（2002）指出，团队组内安全可以促进团队的创造力和创新性。Nemanich 和 Vera（2009）的研究表明，团队心理安全对开发性创新和探索性创新都有促进作用。Bradley 等（2012）也指出，在这种心理安全的氛围里，团队不但允许，而且鼓励新思维和新建议。杨付和张丽华（2012）也提出，如果一个团队的心理安全感较高，那么该团队的成员就不必担心会因为提出了不同观点而受到其他成员的批评、指责或惩罚，并且该团队的成员还能向其他成员寻求帮助与反馈，这种促进性环境有助于激发成员的创新行为。Carmeli 等（2010）通过实证研究验证了心理安全感与员工创造力之间的正相关关系。

综上所述，本书提出如下假设：

H4：团队心理安全感对员工创造力有正向影响。

五、下属依赖与下属创造力的关系

一个依赖的人需要从他人那里得到外来的认同、引领和指导，从而弥补自己无能为力的地方；更重要的是，依赖的人往往是不加批判地接受、赞成并主张他人的观点（Birtchnell，1988）。如果领导比下属更强大、更能干，下属就会像支持和拥护父母或者其他重要人物一样支持和拥护领导（Kets de Vries and Miller，1984），而创造力是个体或小型的工作团体所产生的新颖且适当的想法（Amabile，1983）。显而易见，下属依赖与下属创造力无疑是背道而驰的。

下属对领导的依赖体现在工作动机依赖、专业技术依赖、盲目崇拜、工作投入依赖和力求认可等方面（Eisenbeiß and Boerner，2013），对领导的每个方面的依赖都将抑制员工的创造力。第一，在专业技术方面对领导产生了依赖，员工当遇到问题时就会期待领导的锦囊妙计，更不可能主动去追求专业技术上的精益求精和攻克专业技术上的难题，因此很难做出开拓性和创造性的工作成绩。第二，对领导产生了盲目崇拜，就会不加批判地服从领导的命令，完全接受领导的观点且从不质疑，这也将导致员工按部就班地工作，不会提出不同的观点，也不会留意更不可能去纠偏领导决策中的错误，从而抑制了创造性绩效的产生。第三，在工作动机方面对领导产生了依赖，当领导不在场时，下属的工作动力和贡献都会下降，而动机恰恰是产生创造力的重要组成部分（Aambile，1988，1996）。第四，在工作投入方面对领导产生了依赖，当领导不在场时，下属的敬业度和工作热情都会减少，这也将导致创造力的下降。第五，当力求领导认可时，下属会努力追求领导的表扬和肯定（Conger，1990），将导致一味迎合领导的意图，从而不会提出不同的观点，也不会去冒险做一些可能让领导不高兴的不确定性的工作，这也抑制了创造力的提高。

通过以上推导，本书提出如下假设：

H5：下属依赖对下属创造力有反向影响。

从认知的角度来看，下属对领导强烈的崇拜和依恋会导致下属毫无批判地全盘接受领导的观点，并在认知上无条件地忠诚领导（Basu and Green，1997；Gebert，2002），从而导致下属不会主动提出新理念，而是采用一种既定的解决方案和思维模式（Eisenbeiß and Boerner，2013）。

因此，本书进一步假设：

H5a：下属认知依赖对下属创造力有反向影响。

从动机的角度来看，依赖会使下属极力寻求领导的赞赏和认可（Conger，1990），他们不会公开表达可能导致与领导疏远的疑惑和批判性思维（Eisenbeiß and Boerner，2013），当领导缺席时下属会有迷失方向的感觉，从而降低敬业度、工作自觉性和创造力（Shamir，1991）。

所以，本书还提出如下假设：

H5b：下属动机依赖对下属创造力有反向影响。

六、团队心理安全感和下属依赖的中介作用假设

包容型领导对下属创造力的影响机制中，除了直接影响外，还应存在更加复杂的演变过程和传导机制。为了打开包容型领导与下属创造力之间的黑箱，本书需要进一步探索它们之间的中介作用。

根据领导力—创造力理论（Tierney，2007）可知，从领导力到创造力的演变，需要演变系统的传导。而且，这个演变系统就是员工的认知、动机或能力。团队心理安全感属于员工的认知，下属依赖中的认知依赖和动机依赖分别属于认知和动机。因此，从领导力—创造力理论来看，团队心理安全感和下属依赖是存在作为包容型领导和创造力之间的传导机制的可能的。

1. 团队心理安全感在包容型领导和下属创造力之间起中介作用的假设

领导支持对创造力和创新行为十分重要（Hunter et al.，2007；Mumford and Hunter，2005），支持性领导有利于提高创造力（Arad et al.，1997；George and Zhou，2007；Oldham and Cummings，1996），包括领导欣赏并支持新观点与创新，也包括领导通过资源进行支持（George and Zhou，2007；Mumford and Hunter，2005）。一些研究进一步指出，在一定的组织环境中，领导发挥的作用可以通过传导来提高员工的创造力。比如，George 和 Zhou（2007）评估了主管提供的三个支持性的行为机制——启发性反馈、显示相互作用的公平和变得值得信赖，研究结果表明三种支持行为都能增强员工的创造力。

从包容型领导的开放性、有效性和易接近性等特征可知，包容型领导的行为和建立的上下级关系都是组织中的支持性情境，这些宽容、开放、公正、平等的情境能让员工感到安全，即提高了员工的心理安全感，从而

使员工敢于在团队中表达新观点和新思路，敢于人际冒险（比如向领导或同事提出批评性意见），最终达到促进员工的创造力和创新行为的效果。Carmeli 等（2010）通过实证研究证实了包容型领导能够通过提高心理安全感（中介）来提高员工的创新工作卷入度。

另外，前文已经推导出包容型领导对团队心理安全感有正向影响（H2），并推导出团队心理安全感对创造力有正向影响（H4）。因此，本书提出如下假设：

H6：团队心理安全感在包容型领导和下属创造力之间起中介作用：包容型领导通过团队心理安全感间接正向影响下属创造力（见图 3-2）。

图 3-2　团队心理安全感的中介作用假设

2. 下属依赖在包容型领导和下属创造力之间起中介作用的假设

任何一种领导风格都有利有弊，正如 Eisenbeiß 和 Boerner（2013）所说，除非考虑了变革型领导的消极影响，否则无法完全理解变革型领导与下属创造力之间的关系。Basu 和 Green（1997）为了解释变革型领导与下属创新行为之间的意想不到的负相关结果，提出了使用下属依赖作为中介机制。他们认为，变革型领导可能会抑制下属提出的与自己不相同的观点和创意，从而产生下属依赖并限制创新行为。Eisenbeiß 和 Boerner（2013）也把下属依赖作为研究变革型领导消极影响的突破口。

同理，包容型领导也有其消极的一面。前面已经论证了包容型领导因具有魅力而导致的下属依赖（H3），可见能产生下属依赖是包容型领导一个不可忽视的消极面。包容型领导者的宽容、能干、亲和、公正等特点很容易导致下属产生依赖感，从而减少创造性思考和创新行为，抑制创造力（H5）。

另外，前文已经推导出包容型领导对下属依赖有正向影响（H3），并推导出下属依赖对下属创造力有负向影响（H5）。因此，本书提出如下假设（见图 3-3）：

图 3-3 下属依赖的中介作用假设

H7：下属依赖在包容型领导和下属创造力之间起中介作用：包容型领导通过下属依赖间接反向影响下属创造力。

Eisenbeiß 和 Boerner（2013）指出下属依赖可分为下属认知依赖和下属动机依赖两大成分。因此，本书进一步假设：

H7a：下属认知依赖在包容型领导和下属创造力之间起中介作用：包容型领导通过下属认知依赖间接反向影响下属创造力。

H7b：下属动机依赖在包容型领导和下属创造力之间起中介作用：包容型领导通过下属动机依赖间接反向影响下属创造力。

七、权力距离的调节作用假设

在组织行为学研究领域，将组织情境和文化脉络加以考虑已经被研究者公认（Rousseau and Fried，2001）。引入情境因素有利于更加深入地探索包容型领导对下属创造力的影响机制。并且，人格特质会影响员工接受领导的影响程度（Cohen et al.，2011）。个人层次的权力距离既属于文化范畴，同时也是人格特质的组成部分。谢俊等（2012）指出，个人层次的权力距离往往用来作为领导行为与员工表现关系的调节变量。比如，Farh 等（2007）指出，员工的权力距离越高，组织支持认知对员工工作表现的正向影响就越弱。

权力距离对领导和员工的观点及其行为都有一定的影响。高权力距离的领导十分强调维持自身在组织中的权威地位（Georgesen and Harris，2006），认为让下属参与决策会削弱自己的权威地位（Francesco and Chen，2010），而且容易出现辱虐管理行为（James，1993）。另外，高权力距离的下属对高权力距离的这些观点和行为表示拥护和支持。并且，下属的高权力距离会减少创新行为（Nakata and Sivakumar，1996）、创造性观点（王垒等，2008）和建言行为（Botero and Van，2009；周建涛、廖建桥，2012）。

虽然包容型领导能够给下属营造感到心理安全的氛围，但这种心理安全的感知很可能会受到下属权力距离的影响。如果下属权力距离很高，他们会认为领导拥有特权是天经地义的，在做决策时不需要征求下属的意见，不应该把重要事情授权给下属去做。他们还认为领导与下属间应该保持距离，不应多交换意见和有工作之外的交往（Dorfman and Howell，1988）。可见，高权力距离的下属认为领导就是至高无上的、不易接近的，领导的观点就是权威观点，不容置疑和反对。因此，高权力距离的下属会压抑自己的真实想法，戴着面具去迎合领导的观点和行为。显然，这与可以展示真实的自我而不用担心负面影响（Kahn，1990）、员工可以舒适地做自己（Edmondson，1999）的心理安全感是背道而驰的。可见，高权力距离的下属未必会"领情"包容型领导的亲民言行，从而也不会因此而产生心理安全感。反之，如果下属权力距离很低，则会认为领导和下属本来就应该平等相处，就会乐意接受包容型领导的亲民言行，从而产生更强的心理安全感。

综合以上分析，本书提出如下假设：

H8：权力距离负向调节包容型领导与团队心理安全感之间的关系：权力距离越高，包容型领导对团队心理安全感的影响越弱；权力距离越低，包容型领导对团队心理安全感的影响越强（见图3-4）。

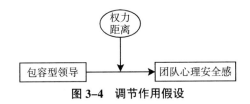

图3-4　调节作用假设

H9：权力距离负向调节团队心理安全感在包容型领导与下属创造力之间的中介作用（被调节的中介）：权力距离越高，团队心理安全感在包容型领导和下属创造力之间的中介作用越小；权力距离越低，团队心理安全感在包容型领导和下属创造力之间的中介作用越大（见图 3-5）。

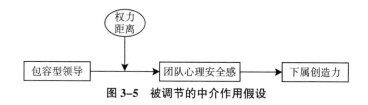

图 3-5 被调节的中介作用假设

第四节 研究假设汇总

本书共提出 15 个假设，其中 H2：包容型领导对团队心理安全感有正向影响，H4：团队心理安全感对员工创造力有正向影响，H5：下属依赖对下属创造力有反向影响，H6：团队心理安全感在包容型领导和下属创造力之间起中介作用：包容型领导通过团队心理安全感间接正向影响下属创造力，这四个假设属于验证性假设，其他 11 个假设均为开拓性假设。汇总如表 3-2 所示。

表 3-2 研究假设汇总

假设	假设性质
H1：包容型领导对下属创造力有正向影响	开拓性
H2：包容型领导对团队心理安全感有正向影响	验证性
H3：包容型领导对下属依赖有正向影响	开拓性
H3a：包容型领导对下属认知依赖有正向影响	开拓性
H3b：包容型领导对下属动机依赖有正向影响	开拓性
H4：团队心理安全感对员工创造力有正向影响	验证性
H5：下属依赖对下属创造力有反向影响	验证性
H5a：下属认知依赖对下属创造力有反向影响	开拓性
H5b：下属动机依赖对下属创造力有反向影响	开拓性

续表

假设	假设性质
H6：团队心理安全感在包容型领导和下属创造力之间起中介作用：包容型领导通过团队心理安全感间接正向影响下属创造力	验证性
H7：下属依赖在包容型领导和下属创造力之间起中介作用：包容型领导通过下属依赖间接反向影响下属创造力	开拓性
H7a：下属认知依赖在包容型领导和下属创造力之间起中介作用：包容型领导通过下属认知依赖间接反向影响下属创造力	开拓性
H7b：下属动机依赖在包容型领导和下属创造力之间起中介作用：包容型领导通过下属动机依赖间接反向影响下属创造力	开拓性
H8：权力距离负向调节包容型领导与团队心理安全感之间的关系：权力距离越高，包容型领导对团队心理安全感的影响越弱；权力距离越低，包容型领导对团队心理安全感的影响越强	开拓性
H9：权力距离负向调节团队心理安全感在包容型领导与下属创造力之间的中介作用（被调节的中介）：权力距离越高，团队心理安全感在包容型领导和下属创造力之间的中介作用越小；权力距离越低，团队心理安全感在包容型领导和下属创造力之间的中介作用越大	开拓性

以上研究假设的汇总如图 3-6 所示。

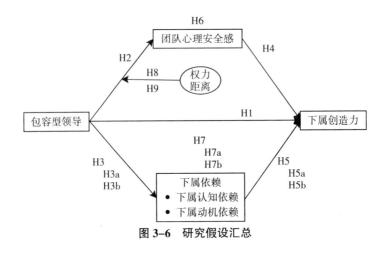

图 3-6　研究假设汇总

第四章　问卷设计与预测试

第三章构建了本书的概念模型，并提出了相关的研究假设。数据资料的采集是实证研究区别于其他研究范式的重要标志之一。[①] 因此，在明确了研究目标、确定了研究内容并提出了理论模型后，设计出科学合理的测量工具就显得尤为重要。本章将设计调查问卷，并通过预测试来提纯量表和完善问卷设计。具体从五个部分进行阐述：第一节介绍问卷调查的总体设计情况，阐述问卷的设计步骤和一些总体考虑；第二节形成自变量、因变量、中介变量和调节变量的测量条款，对控制变量进行说明，并在此基础上形成初始问卷；第三节和第四节介绍预测试（小样本检验）过程，并通过数据分析提纯量表；第五节根据预测试结果修正和完善问卷，为正式调研做好准备。

第一节　问卷调查的总体设计

谢家琳（2008）指出，问卷调查法（以下简称问卷法）之所以成为管理学定量研究中最常用的方法，是因为它具备了快速有效、数据质量高（以量表的信度高、效度高、样本大为前提）、可操作性强、成本低等优

[①] 陈晓萍、徐淑英、樊景立：《组织与管理研究的实证方法（第二版）》，北京大学出版社 2012 年版，第 125 页。

点。因此，本书选择问卷法进行定量研究。

一、问卷设计的步骤

问卷法虽然有不少优点，但如果不在问卷设计上狠下功夫，也将导致答卷质量低下，从而影响研究质量。总体上看，本书的问卷设计工作分为七个步骤进行：

第一步，确定是沿用现有量表还是自行设计量表。通过阅读大量文献，笔者发现本书所涉及的所有变量都有比较成熟的量表，而且均是发表在国际顶尖级刊物上，大部分量表在国内已经有不少学者使用。因此，本书选择沿用现有量表。

第二步，为各变量选择量表。结合量表被使用的广泛程度、所在期刊的影响度、量表的信度和效度、在国内的使用情况、开发者的研究对象等情况，为每个变量选择量表。

第三步，寻找量表全文。有的被选中的量表并没有公布全文，需要顺藤摸瓜地去找原始文献。如果原始文献还是没有公布量表或者只公布了一部分题项，可以通过作者留下的电子邮箱向量表的开发者或使用者求助。

第四步，翻译外文量表。本书最终选择的量表均是英文，其中创造力、权力距离和团队心理安全感的量表在国内已被广泛应用，便采用或借鉴了信度高的译本，而包容型领导和下属依赖两个量表还未曾被国内学者使用，因此本书采用了回译（Back Translation）的方法对这两个量表进行翻译，回译已是被广泛接受的翻译方法（Brislin，1980）。笔者与两名研究生一起先将量表翻译成汉语，再将翻译的汉语版本发给西南财经大学的一位英语老师（正在攻读管理学博士），请她回译成英语。之后，共同探讨回译版本与原文的差异，并逐步调整译文，力求既不偏离问卷原意，又符合汉语语境。

第五步，设计初始问卷。将各变量选择的量表组合在一起，加上控制变量、被试基本信息、填表说明等内容构成初始问卷。为了进一步检查问卷中是否存在歧义或者不好理解的题项，在预测试之前先找了 12 名非管理学专业的大学生进行试填，并根据他们的反馈意见进行修改。

第六步，进行预测试。本书选择了 15 家企业的 53 个团队近 300 人进行了预测试，并对量表进行了信度和效度的检验。

第七步，确定正式调查问卷。根据预测试的情况对初始问卷进行调整，形成最终使用的正式问卷。

二、增强问卷法有效性的措施

数据质量是统计工作的生命线，当然也是实证研究的生命线。为了提高问卷法的有效性，花多少精力都值得。如果数据质量不高，不但会导致前功尽弃，而且会造成后功徒劳（比如，数据分析、假设验证和结论建议等）。为了增强问卷调查的有效性，本书采取了如下措施：

第一，为了避免共同方法变异（Common Method Variance）[1]，本书采用了多来源数据综合法。本书以团队为调查对象，共设计了两套问卷，其中一套（L 卷）由团队领导填写，用于获取下属创造力数据；另一套（M 卷）由团队成员填写，用于获取包容型领导、团队心理安全感和下属依赖数据。

第二，亲自到现场发放问卷。亲自到现场可以耐心地讲解本次调研目的，打消被试的顾虑。更重要的是，能更加准确地解答被试填写问卷中的一些疑问。

第三，将不同量表的题项进行交叉排列。在 M 卷（团队成员填写）中，本书将不同的量表进行交叉排列，以避免被试猜测量表所测的变量而出现社会赞许性。

第四，设计社会赞许性题目。本书共设计了三个社会赞许性题目，用于判断问卷的质量。

---

① 共同方法变异是指由于测量方法的单一性所造成的变异。比如，所有变量的数据来自同一份问卷。

第五，选择有反向题的量表。让被试从正反两个不同方向对某一变量进行评价，测试的结果将更加准确。因此，本书在选择量表时也考虑了是否有反向题这一因素。比如，本书最后确定的团队心理安全感量表有三个反向题，下属依赖量表有两个反向题。

第六，美化问卷，并注重打印质量。为了让调查对象更加配合调研，本书在问卷的设计方面也下了不少功夫，比如在字体、字号、行间距、封面设计、打印纸质量、问卷装订等细节上都做了精心设计。

第七，为调查对象准备小礼品。为每位调查对象都准备了精美小礼品。调研中发现，小礼品除了可以表达对调查对象的尊重和感谢之外，还能让调查对象感受到笔者对研究的高度重视，从而更加支持笔者的研究工作。

三、多来源数据调研的设计

多来源数据调研是本书问卷调研阶段的难点。上文已经提到，为了提高问卷法的有效性，本书的问卷分为 L 卷（团队领导填写）和 M 卷（团队成员填写），两套问卷分别填写，之后将问卷配对进行数据对接。

要进行问卷配对和数据对接，就需要设计一个对接标志。但是，为了消除调查对象的顾虑，问卷法往往是匿名填写。而且，设置一个对接标志会增加调查对象的顾虑，特别是本书中需要团队成员对直接领导进行评价，如果不采取恰当的措施和进行充分的解释，是很难消除团队成员的顾虑的。这正是本书数据收集的难点所在。

数据对接设计的基本思路是：首先，与参与调研单位的人力资源部联系，说明本书设计并索要参与测试人员的姓名和身份（团队领导或团队成员）。其次，给每个参与测试的员工赋予一个成员代码。再次，确保团队成员在参与测试时所获得的问卷（M 卷）与事先的编码一一对应。又次，确保团队领导在对其下属进行评价时（L 卷）不要张冠李戴。L 卷中不同的题号对应着不同的成员代码，代表着不同的团队成员，领导不能在评价李四时把相关信息填到属于张三的栏目中去。最后，在 SPSS 软件中根据成员代码将数据进行对接。

最关键的问题是，如何在问卷上标注成员代码才能降低被试的顾虑。为此，本书专门选择了 6 个大学生团队和 3 个企业团队进行试验。最初，本书直接将成员代码标在问卷上，并为了节约时间同时发放 L 卷和 M 卷，邀请领导与成员分别到不同的场地填写问卷。但这样做的效果很不理想，无论如何宣讲本书采取的保密措施，不少团队成员都说万一被领导看出来这份问卷是他填的就惨了。然后，本书采用领导和成员分批填写的方式，先让成员填写 M 卷，再请他们的领导填写 L 卷。这样做团队成员的顾虑大大降低，但是，仍然有人担心通过问卷上的编码能看出来这份问卷是某人填的。

为了进一步消除顾虑，本书又采取了如下措施：采用在问卷封面做小标记的方式来代替编号，本书在某个字下打个小黑点，不同位置的文字代表不同的编码。几乎很少有被试能发现这些小标记。然而，新的问题又出现了，本书在发放问卷时需要一一对应，靠这些本来就不起眼的小黑点来区分难度太大。为此，本书又进行了改进，在为每份问卷做小标记时，将对应被试的姓名写在封面的右上角，并画上剪切线，要求被试在填写问卷之前必须将右上角的姓名撕掉。这样既便于发放问卷，又能让被试感到调研是完全匿名。当然，这么做确实增加了不少工作量，特别是为每份问卷做小标记。

另外，本书还模仿选举时使用的票箱制作了问卷密封箱，被试填完问卷后亲自投进去，如此进一步消除被试的顾虑。每当看到有人投进问卷后还要将问卷密封箱摇一摇时，笔者感到特别欣慰。

四、抽样方法的确定

抽样方法包括随机抽样和非随机抽样两大类，其中随机抽样能更加准确地反映总体样本特征，但在操作时需要的社会资源和人力资源更多，不具备一定的条件很难实施。然而，非随机抽样是依据一定的主观标准来抽取样本的，可能导致反映总体样本特征时出现更大的误差，但由于其便于操作的特点而受到众多学者的青睐。

非随机抽样方法中，便利抽样是一种典型的和常用的方法。便利抽样由调查者根据自身的社会资源和人力资源等因素确定抽样范围，该调查抽样方法因具有要求低、难度小、简便易行、易获得配合、易控制进度、省时省力省钱等优点而被广泛应用于大型调查研究（Malhotra，2002）。

本书主要采用便利抽样这种非随机抽样的方法。主要通过西南财经大学、成都理工大学等高校的工商管理硕士或项目管理硕士进行引荐，再加上四川省国有资产管理委员会、企业人力资源管理师资格证书考试培训机构等部门的帮助，本书与四川省内的近 300 家企业的人力资源部取得了联系。最后有近百家企业愿意参与本书的调研，这些企业主要分布在成都、绵阳、泸州、达州等地。本书选择了十余家企业进行预测试，剩余的企业用于正式调研。

第二节　各变量测量工具的形成

一、包容型领导的测量工具

包容型领导的量表开发还比较少，当前国外比较成熟的量表主要有三个：一是 Nembhard 等（2006）开发的量表，包括鼓励护士积极主动工作等三个题项，Cronbach's α 系数为 0.75。二是 Carmeli 等（2010）开发的量表，包括经理乐意倾听新的想法等九个题项，分为开放性、有效性和易接近性三个维度，Cronbach's α 系数为 0.94。三是 Hollander 等（2009，2012）开发的量表，包括领导会询问我自己对我工作的看法等 16 个题项，分为支持—承认、沟通—行动—公平和自我利益—不尊重三个维度。国内开发的包容型领导量表主要有方阳春（2014）、方阳春和金惠红（2014）开发的量表，分别为 12 个题项和 19 个题项，Cronbach's α 系数分别为 0.90 和 0.96。他们的量表是专门针对高校科研团队开发的。

　　相比之下，Carmeli 等（2010）开发的量表不但广为使用，而且普适性强、信度高（α = 0.94），因此，本书采用 Carmeli 等（2010）开发的量表来测量包容型领导变量。虽然 Carmeli 等（2010）提出包容型领导有开放性、有效性和易接近性三个维度，但他们进行因子分析时只提出了一个特征值为 6.18 的共同因素，能解释的总变异量为 68.74%。因此，本书只对包容型领导整个构念进行探索。通过回译后得到了包容型领导的测试量表。Carmeli 等（2010）开发的量表的具体题项如表 4-1 所示。

表 4-1　包容型领导的测量工具

变量	编号	题项	量表来源
包容型领导	IL1	该领导乐意倾听新的想法或方案	Carmeli 等（2010）
	IL2	该领导关注改进工作流程的新机会	
	IL3	该领导乐意和我讨论工作目标及完成任务的新方法	
	IL4	该领导善于为下属遇到的问题提供参考意见	
	IL5	该领导在团队中随时存在——随时有空接见下属	
	IL6	该领导善于解答我请教的业务方面的问题	
	IL7	该领导随时愿意倾听我的诉求	
	IL8	该领导鼓励我在遇到新问题的时候向他寻求帮助	
	IL9	下属可容易地和该领导讨论工作上出现的新问题	

二、下属创造力的测量工具

　　测量组织创造力常常采用主管评估下属创造力的方法（如，Scott et al.，1994；Oldham et al.，1996；George et al.，2001，2002；Tierney et al.，2002）。组织创造力的测试量表比较多，典型的有：Scott 和 Bruce（1994）

开发的包含六个题项的量表，Oldham 和 Cumming（1996）开发的包含三个题项的量表，Tierney、Farmer 和 Graen（1999）开发的包含九个题项的量表；George 和 Zhou（2001，2002）开发的包含 13 个题项的量表。在 Tierney 等（1999）开发的九个题项量表的基础上，研究者也使用过其六项条目的版本（Tierney and Farmer，2002），Farmer 等（2003）以中国员工为研究对象进一步研发了四项条目的量表。

本书选择了由 Farmer 等（2003）在 Tierney 和 Farmer（1999）基础上提出的四项条目的量表（见表 4-2），原因有以下三点：

第一，该量表是以中国员工为研究对象研发的，在中国应该有更好的适用性；

第二，本书中创造力是由团队领导来评价的，有的团队成员较多，如果选择题项太多的量表会影响填写问卷的效果；

第三，该量表的信度也比较高，Cronbach's α 系数为 0.92。

表 4-2　下属创造力的测量工具

变量	编号	题项	量表来源
下属创造力	FC1	该员工在工作中首先尝试新点子或新方法	Farmer 等（2003）
	FC2	该员工在工作中寻求解决问题的新点子和新方法	
	FC3	该员工在工作领域提出开创性的想法	
	FC4	该员工是一个创造性开展工作的好榜样	

三、下属依赖的测量工具

下属依赖最早的量表是 Kark 等（2003）开发的包含八个题项的量表，包含了"有时我发现没有部门经理的指导我难以开展工作"等题项，Cronbach's α 值为 0.84。Eisenbeiß 和 Boerner（2013）在 Kark、Shamir 和 Chen（2003）的基础上对量表进行了进一步研究，他们开发了一个包含 13 个题项的量表，Cronbach's α 值为 0.705。

从领导力—创造力理论来看，领导力是通过作用于员工的认知和动机等来影响其创造力的。本书选择下属依赖变量正是用来作为领导力和创造力的中介变量，也就是说下属依赖在领导力—创造力理论中属于员工的认知和动机部分。虽然 Kark 等（2003）开发的量表信度更高一些，但是他们没有从认知和动机两个方面去揭示下属依赖构念。恰恰相反，Eisenbeiß和 Boerner（2013）开发的量表目的正是要完全覆盖下属依赖的认知方面和动机方面。因此，本书将借鉴 Eisenbeiß和 Boerner（2013）开发的量表。

　　Eisenbeiß和 Boerner（2013）进行了主成分分析，提取了 5 个因子，分别命名为工作动机依赖、专业技术依赖、盲目崇拜、工作投入依赖和力求认可，5 个因子共能解释方差的 68.583%。他们进一步指出，专业技术依赖和盲目崇拜代表下属依赖的认知成分，而工作动机依赖、工作投入依赖、力求认可代表下属依赖的动机成分。但遗憾的是，Eisenbeiß和 Boerner（2013）既没有从 5 个因子角度分别去研究下属依赖与其他变量的关系，也没有从认知成分和动机成分两个方面去探索下属依赖对其他变量的影响。

　　因此，本书将在 Eisenbeiß和 Boerner（2013）的基础上进一步探索下属依赖的认知成分和动机成分。本书的做法是，将 Eisenbeiß和 Boerner（2013）提取的专业技术依赖和盲目崇拜两个代表下属依赖认知成分的因子综合起来构成下属认知依赖层面，将工作动机依赖、工作投入依赖、力求认可三个代表下属依赖动机成分的因子综合起来构成下属动机依赖层面。同时，本书也将 Eisenbeiß和 Boerner（2013）开发的量表相应调整为两个维度的量表（见表 4-3）。

四、团队心理安全感的测量工具

　　团队心理安全量表被运用最广的是 Edmondson（1999）开发的量表，包括"如果你在团队里犯了错，团队成员常会因此而对你抱有意见"等七个题项，其中有三个反向题，Cranach's α 值为 0.795。另外，Tynan（2005）开发了包含 12 个题项的量表，分为自我心理安全与他人心理安全

表 4-3　下属依赖的测量工具

变量	维度	编号	题项	量表来源
下属依赖	下属认知依赖	FD11	我觉得自己能否在工作中做好与谁是我的顶头上司没有关系（反向）	借鉴 Eisenbeiß 和 Boerner（2013）的量表
		FD12	我发现没有该领导的指导，自己很难发挥作用	
		FD13	我觉得该领导在周围的时候我能将工作做得更好	
		FD14	如果该领导被调换，我就找不到帮助我解决问题的人了	
		FD15	我坚决服从该领导的命令	
		FD16	我完全接受该领导的观点，而且从不质疑	
		FD17	在执行该领导的命令之前，我会仔细考虑这样安排是否合理（反向）	
	下属动机依赖	FD21	如果该领导离开的话，我对工作的奉献会减少	
		FD22	如果该领导离开的话，我的工作动力会减少	
		FD23	当该领导度假去了，我加班的意愿会减弱	
		FD24	当该领导度假去了，我的工作热情会下降	
		FD25	在工作中能得到该领导的表扬，对于我来说是很重要的	
		FD26	在工作中我努力赢得该领导对我的认可	

两个维度，前者共七个题项，后者共五个题项，而且均为反向计分。国内也有学者对团队心理安全的结构与测量进行了研究。

相比之下，Edmondson（1999）开发的量表被应用得更加广泛。特别是在国内，学者基本上都是使用或借鉴 Edmondson（1999）开发的量表。

因此，本书也采用 Edmondson（1999）开发的量表（见表 4-4）。

表 4-4　团队心理安全感的测量工具

变量	编号	题项	量表来源
团队心理安全感	TPS1	在我们团队中，如果某位成员在工作中犯了错，其他成员常会因此而对他/她抱有意见（反向）	Edmondson（1999）
	TPS2	在我们团队中，团队成员可以提出异议并坚持自己的观点	
	TPS3	在我们团队中，表现与众不同的人有时会遭到排斥（反向）	
	TPS4	在我们团队中，做冒险的事是可以接受的	
	TPS5	在我们团队中，向其他成员寻求帮助是很难的（反向）	

续表

变量	编号	题项	量表来源
团队心理安全感	TPS6	在这个团队中，没有人会故意诋毁或破坏我的努力	Edmondson (1999)
	TPS7	在与团队成员的合作中，我独有的技能和天赋不但能得到尊重而且有用武之地	

五、权力距离的测量工具

Hofstede（1980）研究跨文化领域开发了包含三个题项的权力距离量表，用以测量国家层面的权力距离。Earleyt 和 Erez（1987）开发了个体层面的八个题项的量表，Cronbach's α 系数为 0.71。Dorfman 和 Howell（1988）研发了包含六个题项的测试量表，Cronbach's α 系数为 0.70。Robertson（2000）开发了测量文化差异的量表，其中权力距离文化差异维度共有五个题项，也有研究者提取这五个题项作为权力距离的测试工具。Farh 等（2007）开发了包含六个题项的测试量表，此量表的 Cronbach's α 系数为 0.76。

由于 Dorfman 和 Howell（1988）开发的量表是以中国台湾员工为研究样本的，比较受国内研究者的关注。因此，本书也使用该量表（见表 4-5）。

表 4-5 权力距离的测量工具

变量	编号	题项	量表来源
权力距离	PD1	我认为领导做决策时不需要征询下属的意见	Dorfman 和 Howell (1988)
	PD2	我认为领导应该拥有一些特权	
	PD3	我认为领导不应该和下属过多地交换意见	
	PD4	我认为上司应当避免与下属有工作之外的交往	
	PD5	我认为下属不应该反对上级的决定	
	PD6	我认为上级不应该把重要的事情授权给下属去解决	

六、控制变量与社会赞许性题项的设计

1. 控制变量设计

本书选择的控制变量主要有：

（1）性别。参照 Hui、Lee 和 Rousseau（2004）等的做法，分别采用 1 和 0 来代表男性和女性。

（2）年龄。参照 Farh、Hackett 和 Liang（2007）等的做法，将年龄按照 5 年一个时间跨度进行分组。由于本书主要关注的是基层团队，团队成员多在 25~40 岁。因此，本书将年龄分为 6 组：25 岁及以下、26~30 岁、31~35 岁、36~40 岁、41~50 岁、51 岁及以上，分别用 1~6 进行编码。

（3）受教育程度。按照当前企业员工的主要学历情况分为 5 组：高中及以下、专科、本科、硕士、博士，分别用 1~5 进行编码。

（4）工龄。本书将员工的工龄划分为 6 组：不满 1 年、1~2 年、3~5 年、6~10 年、11~20 年、超过 20 年，分别用 1~6 进行编码。

（5）与现任直接领导一起共事的时间（以下简称与领导共事时间）。本书关注的是领导对员工的影响，如果与领导共事时间不足 3 个月几乎没有大的影响，5 年以上应该有十分充足的影响了。因此，本书将团队成员与现任直接领导共事时间的长短划分为 6 组：不足 3 个月、4~6 个月、1~2 年、2~3 年、3~5 年、5 年以上，分别用 1~6 进行编码。

2. 社会赞许性题项设计

社会赞许（Social Approval）是指受测者为了表明自己是值得被赞许的人，在答卷时隐藏了自己的真实感受和现状，取而代之的是选择那些被社会公认的好的答案。[①] 使用社会赞许性题项可以在一定程度上检验问卷的填写质量。为此，本书也在问卷中设计了社会赞许性题项。

社会赞许性量表中最为经典的是 McCoy（1973）开发的 MMPI 量表。

---

① 杨中芳、赵志裕：《测谎题到底是在测什么》，《教育研究与实验》1990 年第 3 期，第 63 页。

不少学者的研究表明，MMPI 量表中的各个题项在中国情境下的测试效果不一样，其中"我并不是每次都说实话"等三个题项的测试效果最佳（杨中芳、赵志裕，1990；林一真、杜淑芬，1986）。因此，本书选择这三个效果最佳的题项来进行社会赞许性测试（见表 4-6）。

表 4-6　社会赞许性题项设计

变量	编号	题项	量表来源
社会赞许性	SA1	我并不是每次都说实话（是、否）	McCoy (1973)
	SA2	有些时候我会发脾气（是、否）	
	SA3	偶尔我会将今天应该做的事，推到明天去做（是、否）	

第三节　小样本数据收集与基本情况统计

一、小样本数据收集与初步处理

问卷设计完毕之后，为了提高测量工具的信度和效度，本书在正式调查之前进行了预测试。2014 年 7~8 月，本书选择了成都、绵阳、泸州等地的 15 家企业共 53 个团队，到公司现场发放并当场收回了 281 份问卷（其中：团队领导使用的 L 卷 53 份，团队成员使用的 M 卷 228 份）。为了提高数据质量，以下四种问卷被剔除：第一，填写问卷速度特别快，显然是没有阅读内容就直接填写的（交卷时调研员另行装袋）；第二，集中选择某一个选项（比如，几乎所有题项都选 4）或者选项带有明显规律的（如 Z 型）；第三，有多选或者有 3 个以上题项被漏选的；第四，3 个社会赞许性题目有两个及以上选择否的。筛选后，得到有效问卷共计 219 份（其中：L 卷 46 份，M 卷 173 份），有效回收率为 77.9%。由于本书需要使用配对数据，即包容型领导使用团队成员评价（M 卷）的数据，员工创造力使用团队领导评价（L 卷）的数据，因为有 7 份 L 卷被剔除，导致这 7 个团队的 29 份有效 M 卷被舍弃。最终，本书配对成功的小样本数据共计 144 条。

二、小样本的基本人口统计

小样本的基本人口统计包括性别、年龄、受教育程度、工龄和与领导共事时间五个方面，具体统计信息如表 4-7 所示。

表 4-7　小样本的基本人口统计

统计项目	选项编码	选项内容	样本数	百分比（%）
性别	0	男	81	56.3
	1	女	63	43.8
年龄	1	25 岁及以下	38	26.4
	2	26~30 岁	46	31.9
	3	31~35 岁	29	20.1
	4	36~40 岁	21	14.6
	5	41~50 岁	7	4.9
	6	51 岁及以上	3	2.1
受教育程度	1	高中及以下	19	13.2
	2	专科	71	49.3
	3	本科	51	35.4
	4	硕士	2	1.4
	5	博士	1	0.7
工龄	1	不满 1 年	11	7.6
	2	1~2 年	24	16.7
	3	3~5 年	38	26.4
	4	6~10 年	38	26.4
	5	11~20 年	26	18.1
	6	超过 20 年	7	4.9

续表

统计项目	选项编码	选项内容	样本数	百分比（%）
与领导 共事时间	1	不足 3 个月	18	12.5
	2	3~12 个月	45	31.3
	3	1~2 年	40	27.8
	4	2~3 年	13	9.0
	5	3~5 年	20	13.9
	6	5 年以上	8	5.6

注：N = 144。

三、小样本各测量条款的描述性统计

小样本各测量条款的描述性统计（均值、标准差、偏度和峰度等）如表 4-8 所示。由表 4-8 可知，所有测量条款项目评分值的偏度绝对值均小于 3，而且峰度绝对值均小于 10，表明样本基本服从正态分布的数据要求（黄芳铭，2005），可以进行后续的数据分析。

表 4-8　小样本各测量条款的描述性统计

题项	N	均值	标准差	偏度		峰度	
	统计量	统计量	统计量	统计量	标准误	统计量	标准误
IL1	144	4.153	0.8796	−1.242	0.202	1.800	0.401
IL2	144	4.083	0.7710	−0.702	0.202	0.436	0.401
IL3	144	4.056	0.8510	−0.935	0.202	0.943	0.401
IL4	144	4.083	0.8810	−0.849	0.202	0.163	0.401
IL5	144	3.931	0.8164	−0.653	0.202	0.603	0.401
IL6	144	4.194	0.8551	−1.135	0.202	1.300	0.401
IL7	144	3.972	0.9383	−0.871	0.202	0.494	0.401
IL8	144	3.910	0.9674	−0.804	0.202	0.195	0.401
IL9	144	3.938	0.8546	−0.834	0.202	0.712	0.401
FC1	144	3.694	0.7024	−0.843	0.202	1.395	0.401

题项	N	均值	标准差	偏度		峰度	
	统计量	统计量	统计量	统计量	标准误	统计量	标准误
FC2	144	3.604	0.6918	−0.317	0.202	−0.017	0.401
FC3	144	3.507	0.6996	−0.211	0.202	−0.195	0.401
FC4	144	3.528	0.7188	−0.156	0.202	0.448	0.401
FD11	144	2.576	1.0144	0.156	0.202	−0.827	0.401
FD12	144	2.597	0.8954	0.474	0.202	−0.161	0.401
FD13	144	2.722	0.9270	0.209	0.202	−0.513	0.401
FD14	144	2.319	0.8662	0.311	0.202	−0.183	0.401
FD15	144	3.833	0.9535	−0.935	0.202	0.642	0.401
FD16	144	3.368	0.9064	−0.171	0.202	−0.415	0.401
FD17	144	2.097	0.7873	1.395	0.202	3.306	0.401
FD21	144	2.257	0.8425	0.194	0.202	−0.554	0.401
FD22	144	2.257	0.9141	0.357	0.202	−0.374	0.401
FD23	144	2.292	0.9815	0.644	0.202	−0.027	0.401
FD24	144	2.153	0.9411	0.506	0.202	−0.350	0.401
FD25	144	4.014	0.8849	−1.133	0.202	1.765	0.401
FD26	144	3.993	0.8320	−1.243	0.202	2.600	0.401
TPS1	144	3.576	0.9052	−0.432	0.202	0.149	0.401
TPS2	144	3.715	0.7062	−1.344	0.202	2.076	0.401
TPS3	144	3.549	0.9883	−0.313	0.202	−0.409	0.401
TPS4	144	3.563	0.6226	−0.769	0.202	0.053	0.401
TPS5	144	3.854	0.9310	−0.970	0.202	1.118	0.401
TPS6	144	3.799	0.7896	−0.403	0.202	−0.090	0.401
TPS7	144	3.597	0.7693	−0.566	0.202	−0.081	0.401
PD1	144	2.583	0.9199	0.489	0.202	−0.283	0.401
PD2	144	3.146	0.8688	−0.159	0.202	−0.175	0.401
PD3	144	2.396	0.8381	0.660	0.202	0.104	0.401
PD4	144	2.465	0.7926	0.500	0.202	0.119	0.401

续表

题项	N	均值	标准差	偏度		峰度	
	统计量	统计量	统计量	统计量	标准误	统计量	标准误
PD5	144	2.778	0.8231	−0.023	0.202	0.007	0.401
PD6	144	2.556	0.7269	0.469	0.202	−0.400	0.401

注：IL 为包容型领导，FC 为下属创造力，FD 为下属依赖（其中，FD1 为下属认知依赖，FD2 为下属动机依赖），TPS 为团队心理安全感，PD 为权力距离。

第四节　小样本检验与分析

一、小样本检验的程序与标准

测量的信度和效度是实证研究的关键（陈晓萍等，2008）。小样本检验（预测试）的目的正是通过提纯测试题项来提高量表的信度和效度，从而提高正式调研时测量的可靠性和准确性。因此，整个小样本检验工作都是围绕提高量表的信度和效度开展。小样本检验的具体程序及其标准如下：

第一步，通过信度检验对量表进行净化（Purify）。

信度（Reliability）可用真实分数的方差占测量分数方差的比例来表示，反映的是量表的一致性或稳定性（吴明隆，2008）。对李克特量表进行信度检验采用最为广泛的是 Cronbach's α 系数（又称内部一致性系数）。一般认为，Cronbach's α 系数大于 0.7 时，量表信度较高（Nunnally，1978），而 Lance、Butts 和 Michels（2006）指出，检验研究模型的可行性时 Cronbach's α 系数达到 0.7 就可以了，但基础研究或应用研究中的信度要求是高于 0.8，如果将测量结果用于重要决策时信度要求是高于 0.9。小样本检验属于模型可行性分析阶段，因此，本书此处采用达到 0.7 的标准。量表中有些测量条款能真实反映测量目的，而有些属于降低量表信度的垃圾测量条款（Garbage Items）。检测垃圾测量条款常用修正题项总相关系数（Corrected-Item Total Correlation，CITC）分析法。一般认为，CITC 小于 0.5 的题项可以考虑删除（Cronbaeh，1951），也有学者提出，CITC 小于 0.3 的题项才考虑删除（卢纹岱，2002）。在实际应用中，不少研究者综合了以上标准，并根据以下两个原则考虑题项的去留：第一，当某题项的 CITC 小于 0.3，直接删除；第二，当某题项的 CITC 小于 0.5 但大于 0.3 时，如果删除此题项后整个量表的 Cronbach's α 系数将增大，则删除此题项，反之则保留。本书也将采用这两条原则来提纯量表的测试题项。

第二步，净化所有量表的测量条款后，判断是否可以进行因子分析来检验构念效度。

吴明隆（2008）指出，效度（Validity）是反映量表能够测到所欲测的心理或行为特质的程度，也就是指测量结果能在多大程度上测量需要测量的内容。量表的效度反映了测验结果的正确性或可靠性，是数据的实际测量值与理想值之间的差异大小。美国心理学会指出，效度分为内容效度、效标关联效度和构念效度。其中，构念效度是指测量工具能够在多大程度上测量到理论上的构念或特质（Anastiasi，1988）。本书将采用最为常用的因子分析（Factor Analysis）法来检验构念效度。检验前，需要根据 KMO（Kaiser-Meyer-Olkin）值和 Bartlett's 球形检验的 p 值来判断量表的各题项是否适合做因子分析。Kaiser（1974）指出，根据 KMO 值的大小，是否适合做因子分析分为如下几种情况：勉强可以进行因子分析（KMO > 0.60）、尚可进行因子分析（KMO > 0.70）、适合进行因子分析（KMO > 0.80）和极适合进行因子分析（KMO > 0.90）。吴明隆（2008）研究表明 KMO 值在 0.60 以上才适宜进行因子分析。另外，做因子分析还需要满足 Bartlett's 球形检验的 p 值小于 0.001 的要求。

第三步，本书选择主成分分析法（因子抽取方法）和最大变异法（转轴方法）对各量表逐一进行因子分析。

主成分分析法（Principal Component Analysis）抽取主成分后的共同性可以反映该题项与其他题项的共同特质，共同性低于 0.20 的题项可以考虑删除（吴明隆，2008）。采用最大变异法（Varimax）进行转轴的目的是使每一个题项变量能归属于一个明确的主因素。吴明隆（2008）指出，如果各题项的因子负荷量在 0.50 以上，潜在变量就可以有效地反映各指标变量。因此，本书将删除因子负荷量小于 0.50 的题项。另外，如果某个题项自成一个因子，或者出现横跨因子现象（在两个或两个以上的因子的负荷量均大于 0.5）也将被剔除。

第四步，整体探索性因子分析及共同方法偏差的检验。

导致共同方法偏差（Common Method Biases，CMB）的原因很多，比如，数据来源单一；被调查者的社会赞许性、情绪、宽大反应风格；测量环境；题项的特征和语境；评分者特点；等等。本书虽然采取了多来源数据调研方法和设计了社会赞许性题项来防止共同方法偏差，但是测量环境、题项语境和特征、宽大反应风格等依然可能产生共同方法偏差。因此，本书采用 Harman 单因子检验方法来检验共同方法偏差。该方法假设，当共同性偏差大量存在时，进行因子分析时要么只能提取一个因子，要么其中一个因子解释大部分的方差变异。具体的做法是对所有的变量进行探索性因子分析，查看未旋转的因子分析结果。如果只提取了一个因子或者某个因子的解释率达到了 50%，就可以判断存在严重的共同方法偏差。

将本书的五个核心变量同时纳入到一个整体模型中进行探索性因子分析，还可以从整体上了解各变量的维度结构情况。具体操作是观察旋转后的因子分析结果，查看是否存在以下情况：①维度结构与预想的不一样；②存在交叉题项（原本属于 A 变量的题项，结果排列在 B 变量题项所集中的因子上）；③因子负荷量小于 0.50 的题项；④有题项自成一个因子或者出现横跨因子现象。删除出现以上现象的题项可以进一步优化量表和问卷。

第五步，对因子分析后各量表保留的题项再次进行信度检验。具体操作同第一步，要求各量表最终的 Cronbach's α 系数大于 0.7。

二、各量表的信度检验

1. 包容型领导量表

对包容型领导量表的信度分析结果如表 4–9 所示。

表 4–9　包容型领导量表的信度分析

题项	CITC	删除该题项后的 Cronbach's α 值	Cronbach's α 值
IL1	0.670	0.891	
IL2	0.650	0.893	
IL3	0.713	0.888	
IL4	0.726	0.887	
IL5	0.602	0.896	0.902
IL6	0.713	0.888	
IL7	0.721	0.887	
IL8	0.649	0.894	
IL9	0.613	0.896	

注：N=144。

如表 4–9 所示，包容型领导量表的 Cronbach's α 值为 0.902，删除任何一个题项都不能提高 α 值。而且，每个题项的 CITC 都大于 0.3。因此，该量表的所有题项均保留。

2. 创造力量表

对创造力量表的信度分析结果如表 4–10 所示。

表 4–10　创造力量表的信度分析

题项	CITC	删除该题项后的 Cronbach's α 值	Cronbach's α 值
FC1	0.676	0.800	
FC2	0.659	0.807	0.842
FC3	0.682	0.798	
FC4	0.688	0.795	

注：N=144。

如表 4-10 所示，创造力量表的 Cronbach's α 值为 0.842，删除任何一个题项都不能提高 α 值。而且，每个题项的 CITC 都大于 0.3。因此，该量表的所有题项均保留。

3. 下属依赖量表

对下属依赖量表的信度分析结果如表 4-11 所示。

表 4-11　下属依赖量表的信度分析

题项	CITC		删除该题项后的 Cronbach's α 值		Cronbach's α 值	
	甲	乙	甲	乙	甲	乙
FD11	0.486	0.460	0.708	0.833	0.740	0.837
FD12	0.637	0.647	0.691	0.807		
FD13	0.522	0.512	0.704	0.824		
FD14	0.692	0.642	0.686	0.808		
FD15	0.028	已删除	0.763	已删除		
FD16	0.173	已删除	0.745	已删除		
FD17	0.153	已删除	0.745	已删除		
FD21	0.528	0.631	0.706	0.810		
FD22	0.529	0.612	0.704	0.811		
FD23	0.334	0.543	0.728	0.821		
FD24	0.374	0.509	0.723	0.825		
FD25	0.180	已删除	0.744	已删除		
FD26	0.132	已删除	0.748	已删除		

注：①甲代表原始题项时的值，乙代表删除 FD15、FD16、FD17、FD25 和 FD26 这五个题项后的值；
　　②N=144。

从表 4-11 甲类数值中可知，下属依赖量表初始的 Cronbach's α 值为 0.740，删除 FD15、FD16、FD17、FD25 和 FD26 这五个题项的任何一项都能提高 α 值，而且这五个题项的 CITC 都小于 0.3。因此，将这五个题项删除，其他题项保留。

对剩下的八个题项再进行信度分析。从表 4-11 乙类数值中可知，下属依赖量表现在的 Cronbach's α 值为 0.837，删除任何一个题项都不能再提高 α 值，而且这八个题项的 CITC 都大于 0.3。因此，该量表的这八个题项均保留。

下属依赖量表从 13 个题项精简到八个题项。恰巧剔除了 Eisenbeiß 和 Boerner（2013）开发的量表中的两个维度，即属于认知成分的盲目崇拜维度（三个题项）和属于动机成分的力求认可维度（两个题项）。未曾查到有学者在国内使用过 Eisenbeiß 和 Boerner（2013）开发的量表，因此无法进行比较分析。被删除的五个题项的 CITC 都很低，均小于 0.2。通过与被调查者交流发现，盲目崇拜和力求认可所涉及的内容比该量表中其他题项更加敏感，这也许是文化差异导致的结果。

本书进一步对净化后的下属依赖量表的各个维度进行信度检验，分析结果如表 4-12 所示。

表 4-12 下属依赖量表各维度的信度分析

维度	题项	CITC	删除该题项后的 Cronbach's α 值	Cronbach's α 值
下属认知依赖	FD11	0.517	0.796	0.797
	FD12	0.666	0.718	
	FD13	0.588	0.756	
	FD14	0.680	0.713	
下属动机依赖	FD21	0.613	0.766	0.808
	FD22	0.655	0.744	
	FD23	0.606	0.770	
	FD24	0.628	0.757	

注：N=144。

如表 4-12 所示，下属认知依赖的 Cronbach's α 值为 0.797，删除任何一个题项都不能提高 α 值，而且每个题项的 CITC 都大于 0.3。因此，该维度的所有题项均保留。

下属动机依赖的 Cronbach's α 值为 0.808，删除任何一个题项都不能

提高 α 值，而且每个题项的 CITC 都大于 0.3。因此，该维度的所有题项也均保留。

4. 团队心理安全感量表

对团队心理安全感量表的信度分析结果如表 4-13 所示。

表 4-13 团队心理安全感量表的信度分析

题项	CITC	删除该题项后的 Cronbach's α 值	Cronbach's α 值
TPS1	0.596	0.804	
TPS2	0.537	0.813	
TPS3	0.668	0.791	
TPS4	0.673	0.798	0.830
TPS5	0.566	0.810	
TPS6	0.578	0.807	
TPS7	0.472	0.822	

注：N=144。

如表 4-13 所示，团队心理安全感量表的 Cronbach's α 值为 0.830，删除任何一个题项都不能提高 α 值，而且每个题项的 CITC 都大于 0.3。因此，该量表的所有题项均保留。

5. 权力距离量表

对权力距离量表的信度分析结果如表 4-14 所示。

表 4-14 权力距离量表的信度分析

题项	CITC	删除该题项后的 Cronbach's α 值	Cronbach's α 值
PD1	0.541	0.770	
PD2	0.517	0.775	
PD3	0.581	0.760	0.798
PD4	0.545	0.768	
PD5	0.580	0.760	
PD6	0.559	0.766	

注：N=144。

如表 4-14 所示,权力距离量表的 Cronbach's α 值为 0.798,删除任何一个题项都不能提高 α 值,而且每个题项的 CITC 都大于 0.3。因此,该量表的所有题项均保留。

三、各量表的效度检验

在进行各量表的因子分析之前,先要通过各量表的 KMO 值和 Bartlett's 球形检验的 p 值来判断是否适合做因子分析,具体如表 4-15 所示。

表 4-15 各量表是否适合做因子分析检验

量表名称	KMO 值	Bartlett's 球形检验 p 值
包容型领导	0.882	0.000
创造力	0.810	0.000
下属依赖	0.834	0.000
团队心理安全感	0.843	0.000
权力距离	0.851	0.000

注:下属依赖量表是已经删除 FD15 等五个题项后的新量表。

如表 4-15 所示,所有量表的 KMO 值都在 0.80 以上,远远高于 0.60 的要求,Bartlett's 球形检验的 p 值均为 0.000,远远小于 0.001 的要求。可见,这五个量表都适合进行因子分析。

1. 包容型领导量表的因子分析

对包容型领导量表的效度分析结果如表 4-16 所示。包容型领导量表各题项抽取主成分后的共同性都在 0.20 以上,各题项的因子负荷量均大于或等于 0.50。因此,没有题项需要删除。本量表只提取出了一个因子,与设想的因子结构是一致的,共解释了总方差的 56.360%,说明该量表有较高的构念效度。

2. 创造力量表的因子分析

对创造力量表的效度分析结果如表 4-17 所示。

表 4-16 包容型领导量表因子分析

| 共同性 | | 因子负荷量 | | 解释的总方差 | | | | | | |
| | | | | | 初始特征值 | | | 提取成分后的特征值 | | |
题项	数值	题项	数值	成分	特征值	解释方差的百分比(%)	累计解释的百分比(%)	特征值	解释方差的百分比(%)	累计解释的百分比(%)
IL1	0.562	IL4	0.798	1	5.072	56.360	56.360	5.072	56.360	56.360
IL2	0.537	IL7	0.792	2	0.899	9.993	66.353	—	—	—
IL3	0.623	IL3	0.790	3	0.667	7.411	73.764	—	—	—
IL4	0.637	IL6	0.787	4	0.645	7.170	80.933	—	—	—
IL5	0.470	IL1	0.750	5	0.526	5.846	86.780	—	—	—
IL6	0.619	IL2	0.733	6	0.354	3.933	90.713	—	—	—
IL7	0.627	IL8	0.725	7	0.307	3.417	94.129	—	—	—
IL8	0.525	IL9	0.686	8	0.292	3.241	97.370	—	—	—
IL9	0.471	IL5	0.686	9	0.237	2.630	100.000	—	—	—

注：提取方法是主成分分析法。

表 4-17 创造力量表因子分析

| 共同性 | | 因子负荷量 | | 解释的总方差 | | | | | | |
| | | | | | 初始特征值 | | | 提取成分后的特征值 | | |
题项	数值	题项	数值	成分	特征值	解释方差的百分比(%)	累计解释的百分比(%)	特征值	解释方差的百分比(%)	累计解释的百分比(%)
FC1	0.678	FC4	0.833	1	2.715	67.878	67.878	2.715	67.878	67.878
FC2	0.659	FC3	0.828	2	0.468	11.709	79.587	—	—	—
FC3	0.685	FC1	0.823	3	0.455	11.374	90.961	—	—	—
FC4	0.693	FC2	0.812	4	0.362	9.039	100.000	—	—	—

注：提取方法是主成分分析法。

如表 4-17 所示，创造力量表各题项抽取主成分后的共同性都在 0.20 以上，各题项的因子负荷量均大于或等于 0.50。因此，没有题项需要删除。本量表只提取出了一个因子，与设想的因子结构是一致的，共解释了总方差的 67.878%，说明该量表有较高的构念效度。

3. 下属依赖量表的因子分析

在进行信度分析时，已经删除了 FD15、FD16、FD17、FD25 和 FD26 共五个题项，下面对由剩余的八个题项构成的新量表进行因子分析。

对下属依赖量表的效度分析结果如表 4–18 所示。

表 4–18　下属依赖量表因子分析（一）

共同性		旋转成分矩阵		
题项	数值	题项	共同因子 1	共同因子 2
FD11	0.497	FD13	**0.795**	0.105
FD12	0.684	FD14	**0.790**	0.269
FD13	0.644	FD12	**0.771**	0.298
FD14	0.697	FD11	**0.695**	0.119
FD21	0.612	FD24	0.061	**0.834**
FD22	0.658	FD23	0.158	**0.775**
FD23	0.626	FD22	0.265	**0.766**
FD24	0.699	FD21	0.370	**0.689**

注：①提取方法是主成分分析法。②旋转法：具有 Kaiser 标准化的正交旋转法。③旋转在 6 次迭代后收敛。

如表 4–18 所示，下属依赖量表各题项抽取主成分后的共同性都在 0.20 以上，各题项在某一共同因子上的负荷量均大于或等于 0.50，而且在其他共同因子上都小于 0.50，因此没有出现横跨因子现象。共提取出了两个共同因子，这与设想一致；从旋转后因子负荷量的结果来看，FD11、FD12、FD13 和 FD14 在共同因子 1 上，而 FD21、FD22、FD23 和 FD24 却在共同因子 2 上，这与设想的因子结构也是一致的。题项 FD11、FD12、FD13 和 FD14 代表下属认知依赖，题项 FD21、FD22、FD23 和 FD24 代表下属动机依赖。因此，没有题项需要删除。

如表 4–19 所示，两个共同因子累计解释了总方差的 63.957%，说明该量表有较高的构念效度。

表 4-19 下属依赖量表因子分析（二）

成分	解释的总方差								
	初始特征值			提取成分后的特征值			旋转后的特征值		
	特征值	解释方差的百分比(%)	累计解释的百分比(%)	特征值	解释方差的百分比(%)	累计解释的百分比(%)	特征值	解释方差的百分比(%)	累计解释的百分比(%)
1	3.798	47.477	47.477	3.798	47.477	47.477	2.572	32.145	32.145
2	1.318	16.481	63.957	1.318	16.481	63.957	2.545	31.812	63.957
3	0.738	9.227	73.185	—	—	—	—	—	—
4	0.546	6.824	80.009	—	—	—	—	—	—
5	0.512	6.399	86.408	—	—	—	—	—	—
6	0.419	5.232	91.641	—	—	—	—	—	—
7	0.352	4.402	96.043	—	—	—	—	—	—
8	0.317	3.957	100.000	—	—	—	—	—	—

注：提取方法是主成分分析法。

4. 团队心理安全感量表的因子分析

对团队心理安全感量表的效度分析结果如表 4-20 所示。

表 4-20 团队心理安全感量表因子分析

共同性		因子负荷量		解释的总方差						
					初始特征值			提取成分后的特征值		
题项	数值	题项	数值	成分	特征值	解释方差的百分比(%)	累计解释的百分比(%)	特征值	解释方差的百分比(%)	累计解释的百分比(%)
TPS1	0.500	TPS4	0.787	1	3.539	50.557	50.557	3.539	50.557	50.557
TPS2	0.446	TPS3	0.782	2	0.859	12.269	62.826	—	—	—
TPS3	0.611	TPS6	0.708	3	0.683	9.758	72.583	—	—	—
TPS4	0.620	TPS1	0.707	4	0.619	8.842	81.426	—	—	—
TPS5	0.483	TPS5	0.695	5	0.530	7.572	88.998	—	—	—
TPS6	0.502	TPS2	0.668	6	0.461	6.587	95.585	—	—	—
TPS7	0.377	TPS7	0.614	7	0.309	4.415	100.000	—	—	—

注：提取方法是主成分分析法。

如表 4-20 所示，团队心理安全感量表各题项抽取主成分后的共同性都在 0.20 以上，各题项的因子负荷量均大于或等于 0.50。因此，没有题项需要删除。本量表只提取出了一个因子，与设想的因子结构是一致的，共解释了总方差的 50.557%，说明该量表有较高的构念效度。

5. 权力距离量表的因子分析

对权力距离量表的效度分析结果如表 4-21 所示。

表 4-21　权力距离量表因子分析

共同性		因子负荷量		解释的总方差						
					初始特征值			提取成分后的特征值		
题项	数值	题项	数值	成分	特征值	解释方差的百分比(%)	累计解释的百分比(%)	特征值	解释方差的百分比(%)	累计解释的百分比(%)
PD1	0.480	PD3	0.735	1	3.000	50.006	50.006	3.000	50.006	50.006
PD2	0.451	PD5	0.731	2	0.719	11.982	61.988	—	—	—
PD3	0.540	PD6	0.716	3	0.647	10.787	72.776	—	—	—
PD4	0.484	PD4	0.696	4	0.633	10.542	83.318	—	—	—
PD5	0.534	PD1	0.693	5	0.521	8.684	92.002	—	—	—
PD6	0.512	PD2	0.671	6	0.480	7.998	100.000	—	—	—

注：提取方法是主成分分析法。

如表 4-21 所示，权力距离量表各题项抽取主成分后的共同性都在 0.20 以上，各题项的因子负荷量均大于或等于 0.50。因此，没有题项需要删除。本量表只提取出了一个因子，与设想的因子结构是一致的，共解释了总方差的 50.006%，说明该量表有较高的构念效度。

四、整体数据的探索性因子分析及共同方法偏差检验

检验共同方法偏差和各量表之间的区分度，需要对各变量进行整体探索性因子分析。各变量整体的 KMO 值为 0.816（高于 0.60），Bartlett's 球

形检验的 p 值为 0.000（小于 0.001）。因此，可以对各变量进行整体探索性因子分析。

对共同方法偏差的检验结果如表 4-22 所示。从未旋转的因子分析结果可知，按照特征值大于 1 的方法提取了 7 个共同因子，解释力最强的第一个共同因子能解释总方差的 23.429%。可见，既未出现只提取了一个因子的情况，也未出现某个因子的解释率达到了 50%的情况。因此，可以认为本书不存在严重的共同方法偏差。

表 4-22 共同方法偏差检验

	解释的总方差								
成分	初始特征值			提取成分后的特征值			旋转后的特征值		
	特征值	解释方差的百分比(%)	累计解释的百分比(%)	特征值	解释方差的百分比(%)	累计解释的百分比(%)	特征值	解释方差的百分比(%)	累计解释的百分比(%)
1	7.966	23.429	23.429	7.966	**23.429**	23.429	5.065	14.898	14.898
2	4.171	12.269	35.698	4.171	12.269	35.698	3.714	10.923	25.821
3	2.747	8.080	43.778	2.747	8.080	43.778	3.170	9.325	35.146
4	2.346	6.900	50.678	2.346	6.900	50.678	3.005	8.838	43.984
5	1.751	5.151	55.829	1.751	5.151	55.829	2.649	7.791	51.775
6	1.254	3.689	59.518	1.254	3.689	59.518	2.616	7.695	59.469
7	1.076	3.165	62.683	1.076	3.165	62.683	1.093	3.214	62.683

注：①特征值小于 1 的已省略。②提取方法是主成分分析法。③提取标准：特征值大于 1。

对各变量进行整体探索性因子分析虽然提取了 7 个共同因子，但从旋转成分矩阵来看，第七个共同因子上每个题项的负荷量都很低，绝对值均在 0.40 以下（见表 4-23）。

本书对以上五个变量的设想中，除了下属依赖是两个维度外，其他四个变量均是单维度，总共六个维度。可见，如果将每个题项负荷量都不高的第七个因子去掉，正好与研究的六个维度设想相吻合。因此，本书采用固定提取 6 个因子的方法再次对各变量进行整体探索性因子分析。分析结果如表 4-24 和表 4-25 所示。

表 4-23 整体数据的探索性因子分析（一）

第七个共同因子上每个题项的负荷量

题项	数值	题项	数值	题项	数值
IL8	0.054	TPS6	0.353	FC1	0.110
IL4	−0.103	TPS5	−0.021	FC2	0.276
IL6	−0.060	TPS2	−0.032	FD12	0.037
IL7	−0.145	TPS7	0.143	FD14	−0.113
IL3	−0.112	PD5	−0.144	FD11	0.246
IL9	0.331	PD3	0.058	FD13	−0.180
IL1	0.083	PD6	−0.208	FD24	0.136
IL5	0.361	PD2	0.010	FD22	−0.127
IL2	−0.063	PD4	0.068	FD23	0.122
TPS3	−0.161	PD1	0.300	FD21	−0.260
TPS4	0.108	FC3	−0.068		
TPS1	−0.262	FC4	−0.245		

表 4-24 整体数据的探索性因子分析（二）

解释的总方差

成分	初始特征值			提取成分后的特征值			旋转后的特征值		
	特征值	解释方差的百分比（%）	累计解释的百分比（%）	特征值	解释方差的百分比（%）	累计解释的百分比（%）	特征值	解释方差的百分比（%）	累计解释的百分比（%）
1	7.966	23.429	23.429	7.966	23.429	23.429	5.066	14.901	14.901
2	4.171	12.269	35.698	4.171	12.269	35.698	3.706	10.900	25.801
3	2.747	8.080	43.778	2.747	8.080	43.778	3.182	9.358	35.159
4	2.346	6.900	50.678	2.346	6.900	50.678	3.027	8.903	44.063
5	1.751	5.151	55.829	1.751	5.151	55.829	2.678	7.878	51.940
6	1.254	3.689	59.518	1.254	3.689	59.518	2.577	7.578	59.518

注：①特征值小于 1 的已省略。②提取方法是主成分分析法。③提取标准：固定因子数量。

如表 4-24 所示，提取的 6 个共同因子累计解释了总方差的 59.518%，说明整体量表有较高的构念效度。

表 4-25　整体数据的探索性因子分析（三）

题项	旋转成分矩阵					
	共同因子 1	共同因子 2	共同因子 3	共同因子 4	共同因子 5	共同因子 6
IL8	**0.782**	−0.021	−0.036	−0.023	−0.124	0.030
IL4	**0.774**	0.189	−0.219	−0.026	0.083	−0.038
IL6	**0.757**	0.126	−0.067	0.127	−0.025	−0.087
IL7	**0.751**	0.237	−0.066	0.112	0.139	−0.035
IL3	**0.738**	0.053	−0.096	0.276	0.010	−0.035
IL9	**0.691**	0.042	−0.148	0.058	−0.149	−0.028
IL5	**0.663**	0.058	−0.066	0.119	0.197	−0.152
IL1	**0.654**	0.284	−0.078	0.227	−0.069	−0.104
IL2	**0.621**	0.241	0.011	0.412	−0.075	−0.061
TPS3	0.141	**0.765**	−0.089	−0.071	0.130	−0.200
TPS4	0.201	**0.743**	−0.053	0.205	−0.036	0.040
TPS1	−0.064	**0.719**	−0.029	−0.026	0.110	−0.267
TPS6	0.126	**0.703**	−0.026	0.110	−0.151	−0.012
TPS5	0.079	**0.678**	0.014	0.080	0.107	−0.112
TPS2	0.252	**0.631**	−0.027	0.066	0.049	0.116
TPS7	0.131	**0.563**	−0.066	0.283	−0.041	0.121
PD5	0.016	−0.078	**0.747**	0.011	0.087	0.045
PD3	−0.111	0.021	**0.711**	0.080	0.077	0.226
PD6	−0.113	−0.099	**0.689**	−0.018	0.153	0.017
PD2	−0.034	0.000	**0.664**	−0.119	0.103	0.085
PD4	−0.139	−0.010	**0.648**	−0.173	0.161	−0.065
PD1	−0.229	−0.051	**0.633**	−0.092	0.108	0.031
FC3	0.115	0.059	−0.103	**0.816**	0.072	−0.181
FC1	0.195	0.142	−0.114	**0.754**	−0.006	−0.094
FC4	0.190	0.169	−0.003	**0.751**	−0.124	−0.102

续表

题项	旋转成分矩阵					
	共同因子 1	共同因子 2	共同因子 3	共同因子 4	共同因子 5	共同因子 6
FC2	0.180	0.108	−0.084	**0.745**	−0.103	−0.195
FD14	0.008	0.054	0.255	−0.064	**0.754**	0.226
FD12	0.000	−0.077	0.260	−0.096	**0.742**	0.236
FD13	0.010	0.079	0.191	−0.044	**0.718**	0.139
FD11	−0.008	0.079	0.060	0.032	**0.697**	0.145
FD24	−0.120	−0.119	0.126	−0.160	0.088	**0.759**
FD22	−0.006	−0.064	0.080	−0.093	0.301	**0.737**
FD23	−0.208	−0.020	−0.036	−0.200	0.207	**0.733**
FD21	−0.041	−0.067	0.197	−0.167	0.344	**0.644**

注：①提取方法是主成分分析法。②旋转法：具有 Kaiser 标准化的正交旋转法。③旋转在 6 次迭代后收敛。

如表 4-25 所示，每个题项的因子负荷量均大于 0.50，而且没有出现交叉题项、自成一个因子和横跨因子现象，并且维度结构与预想十分吻合。包容型领导量表（IL1~IL9）聚集在共同因子 1 上面，团队心理安全感量表（TPS1~TPS7）聚集在共同因子 2 上面，权力距离量表（PD1~PD6）聚集在共同因子 3 上面，下属创造力量表（FC1~FC4）聚集在共同因子 4 上面，下属依赖量表的认知维度（FD11~FD14）聚集在共同因子 5 上面，下属依赖量表的动机维度（FD21~FD24）聚集在共同因子 6 上面。因此，没有题项需要删除。

另外，由于以上所有因子分析中都没有量表有题项被删除，所以就没有必要再次对各变量进行信度检验。净化后的各个量表的 Cronbach's α 系数均大于 0.7，可以进行后续研究。

第五节 问卷的修正与完善

通过小样本检验，变量的测试工具得到了进一步优化。除了下属依赖量表由 13 个题项变成八个题项外，其他量表都保留了所有的题项。从各量表的开发时间来看，不难理解上述检验结果。

本书的下属依赖量表是在 Eisenbeiß 等（2013）基础上改编的，本书保留了原量表的所有题项，只是将以前的五个维度调整成了两个维度。Eisenbeiß 等（2013）开发的量表的使用时间不足两年，而且量表的 Cronbach's α 值仅为 0.705。然而，本书选择该量表的主要原因是它试图探索下属依赖的认知成分和动机成分。本书的小样本检验正好验证了 Eisenbeiß 等（2013）提出的下属依赖包括认知和动机两个成分的观点。本书得到的八个题项量表包括下属认知依赖和下属动机依赖两个维度，各有四个题项，而且两个维度的 Cronbach's α 值分别为 0.797 和 0.808，整个量表的 Cronbach's α 值达到了 0.837。

本书采纳了 Carmeli 等（2010）开发的包容型领导量表，该量表虽然开发时间也不长，但被广泛使用，而且信度高（α = 0.94）。原量表假设的是三个维度（开放性、有效性和易接近性），由于开发者做因子分析时只提取出了一个共同因子，因此本书直接假设该量表是单维度。小样本检验中本书也只提取出了一个共同因子，这与开发者的结论是一致的，而且验证了本书的单维度假设。

其他三个量表的开发时间较早，相对比较成熟，而且在小样本检验中与预想十分吻合，所以不需要调整。

根据小样本检验的情况，本书在正式调研之前对问卷进行了修正和完善，主要变动情况如下：

第一，删除了下属依赖量表中未通过检验的五个题项：FD15、FD16、

FD17、FD25 和 FD26。问卷的 M 卷由以前的 43 题变为 38 题（含 5 个控制变量和 3 个社会赞许性问题）；L 卷题项数量没有变化。

第二，微调了 M 卷中某些题项的位置，尽量做到同一个量表的题项不排列在一起。

第三，将 L 卷中需要评价的下属数量由 15 人减少到 8 人。预测试时发现，领导需要评价的下属数量太多，将影响领导填写问卷的质量。从 L 卷中对下属评价的实际数量来看，大部分都是 5 人以下，只有极少数超过了 8 人。因此，本书在正式问卷中设计为最多评价 8 位下属。

第四，进一步美化了问卷的排版。比如，由于题项减少了，本书增大了问卷排版的行间距，更便于阅读。

第五章 数据分析与假设检验

第四章完成了问卷设计，本章将进行正式调研，通过收集并分析数据，逐一检验研究假设，验证理论模型。具体从七个部分进行阐述：第一节介绍大样本数据的收集和叙述统计情况；第二节对大样本数据进行质量评估，为数据分析打下基础；第三节至第六节分别进行平均数差异检验、回归分析、多重中介效应检验和调节效应检验；第七节汇总检验结果，并根据研究结果确定最终模型。

第一节 大样本数据收集与叙述统计

一、大样本数据收集过程

本书历时 4 个月（2014 年 9~12 月），到成都、南充、泸州、达州、绵阳、德阳、乐山、宜宾等地的 67 家企业进行了正式调研，共面向 172 个团队现场发放并当场收回了 844 份问卷（其中：团队领导使用的 L 卷 163 份，团队成员使用的 M 卷 681 份）。与预测试一样，为了提高数据质量，以下四种问卷被剔除：第一，填写问卷速度特别快，显然是没有阅读内容就直接填写的（交卷后调研人员另行装袋）；第二，集中选择某一个选项（比如，几乎所有题项都选 4）或者选项带有明显规律的（如 Z 型）；第三，有多选或者有 3 个以上题项被漏选的；第四，3 个社会赞许性题目有两个及以上选择否的。筛选后，得到有效问卷共计 696 份（其中：L 卷 127 份，M 卷 569 份），有效回收率为 82.7%。由于本书需要使用配对数据，即包容型领导使用团队成员评价（M 卷）的数据，员工创造力使用团队领导评价（L 卷）的数据。因为有 26 个团队没有 L 卷数据（其中 9 个团队缺 L 卷，17 个团队的 L 卷被剔除），导致这些团队的 M 卷也无法使用（共计 101 份）。最终，本书配对成功的数据共计 468 条。

录入数据后，本书还进行了缺失值（Missing Value）处理。吴明隆（2008）提出，可以采用 SPSS 的缺失值置换功能来处理缺失值；但是，如果某一份问卷上有许多题项没有作答或漏答，最好将此份问卷作为无效卷处理。鉴于回收的问卷中数据缺失的情况比较少，本书将大于或等于 3 个缺失值的问卷作废卷处理，小于 3 个的则采用 SPSS 的缺失值置换功能来处理缺失值。

二、大样本的基本人口统计

大样本的基本人口统计包括性别、年龄、受教育程度、工龄和与领导共事时间五个方面，具体统计信息如表 5-1 所示。

表 5-1　大样本的基本人口统计

统计项目	选项编码	选项内容	样本数	百分比（%）
性别	0	男	216	46.2
	1	女	252	53.8
年龄	1	25 岁及以下	246	52.6
	2	26~30 岁	106	22.6
	3	31~35 岁	62	13.2
	4	36~40 岁	24	5.1
	5	41~50 岁	24	5.1
	6	51 岁及以上	6	1.3

续表

统计项目	选项编码	选项内容	样本数	百分比（%）
受教育程度	1	高中及以下	50	10.7
	2	专科	75	16.0
	3	本科	322	68.8
	4	硕士	21	4.5
	5	博士	0	0.0
工龄	1	不满 1 年	72	15.4
	2	1~2 年	136	29.1
	3	3~5 年	127	27.1
	4	6~10 年	82	17.5
	5	11~20 年	38	8.1
	6	超过 20 年	13	2.8
与领导共事时间	1	不足 3 个月	31	6.6
	2	3~12 个月	116	24.8
	3	1~2 年	103	22.0
	4	2~3 年	92	19.7
	5	3~5 年	78	16.7
	6	5 年以上	48	10.3

注：N=468。

三、大样本各测量条款的描述性统计

大样本各测量条款的描述性统计（均值、标准差、偏度和峰度等）如表5-2所示。所有测量条款项目评分值的偏度绝对值均小于3，而且峰度绝对值均小于10，表明样本基本服从正态分布的数据要求（黄芳铭，2005），可以进行后续的数据分析。

表 5-2   大样本各测量条款的描述性统计

题项	N	均值	标准差	偏度		峰度	
	统计量	统计量	统计量	统计量	标准误	统计量	标准误
IL1	468	3.974	0.7903	−0.739	0.113	0.769	0.225
IL2	468	3.803	0.7659	−0.454	0.113	0.216	0.225
IL3	468	3.840	0.7812	−0.442	0.113	−0.026	0.225
IL4	468	3.891	0.7511	−0.641	0.113	0.683	0.225
IL5	468	3.647	0.7972	−0.427	0.113	−0.203	0.225
IL6	468	3.818	0.8324	−0.656	0.113	0.409	0.225
IL7	468	3.692	0.8248	−0.503	0.113	0.374	0.225
IL8	468	3.788	0.8381	−0.659	0.113	0.353	0.225
IL9	468	3.780	0.8612	−0.813	0.113	0.699	0.225
FC1	468	3.752	0.7593	−0.465	0.113	0.238	0.225
FC2	468	3.927	0.7072	−0.370	0.113	0.163	0.225
FC3	468	3.712	0.7259	−0.342	0.113	0.205	0.225
FC4	468	3.468	0.7723	−0.103	0.113	−0.106	0.225
FD11	468	2.479	10.0397	0.620	0.113	−0.224	0.225
FD12	468	2.524	0.8862	0.327	0.113	−0.167	0.225
FD13	468	2.829	0.9351	0.047	0.113	−0.664	0.225
FD14	468	2.406	0.8417	0.612	0.113	0.388	0.225
FD21	468	2.310	0.9707	0.334	0.113	−0.549	0.225
FD22	468	2.318	0.9702	0.287	0.113	−0.582	0.225
FD23	468	2.571	10.0313	0.357	0.113	−0.476	0.225
FD24	468	2.250	0.9615	0.542	0.113	−0.245	0.225
TPS1	468	3.502	0.8265	−0.475	0.113	−0.308	0.225
TPS2	468	3.716	0.7421	−0.405	0.113	0.211	0.225
TPS3	468	3.543	0.8433	−0.221	0.113	−0.446	0.225
TPS4	468	3.440	0.7538	−0.323	0.113	0.200	0.225
TPS5	468	3.842	0.7884	−0.634	0.113	0.409	0.225
TPS6	468	3.776	0.7735	−0.314	0.113	−0.035	0.225
TPS7	468	3.577	0.7911	−0.242	0.113	−0.089	0.225

续表

题项	N	均值	标准差	偏度		峰度	
	统计量	统计量	统计量	统计量	标准误	统计量	标准误
PD1	468	2.197	0.8303	0.476	0.113	0.035	0.225
PD2	468	2.641	0.8011	0.261	0.113	−0.080	0.225
PD3	468	2.226	0.7433	0.520	0.113	0.587	0.225
PD4	468	2.254	0.8052	0.422	0.113	0.085	0.225
PD5	468	2.442	0.8601	0.251	0.113	−0.298	0.225
PD6	468	2.378	0.7962	0.391	0.113	0.135	0.225

注：IL：包容型领导。FC：下属创造力。FD：下属依赖（其中，FD1：下属认知依赖。FD2：下属动机依赖）。TPS：团队心理安全感。PD：权力距离。

第二节　大样本数据质量评估

一、量表信度检验

本书继续采用内部一致性系数（Cronbach's α 系数）和修正题项总相关系数（Corrected-Item Total Correlation，CITC）分析法来检验大样本量表的信度（使用 SPSS21.0 软件）。仍然采用如下两个原则考虑题项的去留：第一，当某题项的 CITC 小于 0.3 时，直接删除；第二，当某题项的 CITC 小于 0.5 但大于 0.3 时，如果删除此题项后整个量表的 Cronbach's α 系数将增大，则删除此题项，反之则保留。

1. 包容型领导量表

对包容型领导量表的信度分析结果如表 5-3 所示。

表 5-3 包容型领导量表的信度分析

题项	CITC	删除该题项后的 Cronbach's α 值	Cronbach's α 值
IL1	0.692	0.896	
IL2	0.649	0.899	
IL3	0.719	0.894	
IL4	0.679	0.897	
IL5	0.622	0.901	0.907
IL6	0.677	0.897	
IL7	0.696	0.896	
IL8	0.724	0.894	
IL9	0.698	0.896	

注：N=468。

如表 5-3 所示，包容型领导量表的 Cronbach's α 值为 0.907，每个题项的 CITC 都大于 0.5，而且删除任何一个题项都不能提高 α 值。可见，该量表有很好的信度。

2. 创造力量表

对创造力量表的信度分析结果如表 5-4 所示。

表 5-4 创造力量表的信度分析

题项	CITC	删除该题项后的 Cronbach's α 值	Cronbach's α 值
FC1	0.675	0.823	
FC2	0.718	0.806	0.854
FC3	0.720	0.804	
FC4	0.673	0.825	

注：N=468。

如表 5-4 所示，创造力量表的 Cronbach's α 值为 0.854，每个题项的 CITC 都大于 0.5，而且删除任何一个题项都不能提高 α 值。可见，该量表有很好的信度。

3. 下属依赖量表

对下属依赖量表的信度分析结果如表 5-5 所示。

表 5-5 下属依赖量表的信度分析

题项	CITC	删除该题项后的 Cronbach's α 值	Cronbach's α 值
FD11	0.512	0.824	
FD12	0.564	0.817	
FD13	0.535	0.821	
FD14	0.599	0.814	0.836
FD21	0.596	0.813	
FD22	0.588	0.814	
FD23	0.516	0.824	
FD24	0.622	0.809	

注：N=468。

如表 5-5 所示，下属依赖量表的 Cronbach's α 值为 0.836，每个题项的 CITC 都大于 0.5，而且删除任何一个题项都不能提高 α 值。可见，该量表有很好的信度。

本书进一步对下属依赖量表的各个维度进行信度检验，分析结果如表 5-6 所示。

表 5-6 下属依赖量表各维度的信度分析

维度	题项	CITC	删除该题项后的 Cronbach's α 值	Cronbach's α 值
下属认知依赖	FD11	0.653	0.753	
	FD12	0.644	0.755	0.810
	FD13	0.584	0.783	
	FD14	0.645	0.757	
下属动机依赖	FD21	0.722	0.751	
	FD22	0.704	0.759	0.827
	FD23	0.582	0.816	
	FD24	0.612	0.800	

注：N=468。

如表 5-6 所示，下属认知依赖的 Cronbach's α 值为 0.810，删除任何一个题项都不能提高 α 值，而且每个题项的 CITC 都大于 0.5。因此，该维度的所有题项均保留。

下属动机依赖的 Cronbach's α 值为 0.827，删除任何一个题项都不能提高 α 值，而且每个题项的 CITC 都大于 0.5。因此，该维度的所有题项也均保留。

4. 团队心理安全感量表

对团队心理安全感量表的信度分析结果如表 5-7 所示。

表 5-7　团队心理安全感量表的信度分析

题项	CITC	删除该题项后的 Cronbach's α 值	Cronbach's α 值
TPS1	0.586	0.820	
TPS2	0.575	0.821	
TPS3	0.636	0.812	
TPS4	0.523	0.829	0.840
TPS5	0.645	0.810	
TPS6	0.599	0.818	
TPS7	0.587	0.819	

注：N=468。

如表 5-7 所示，团队心理安全感量表的 Cronbach's α 值为 0.840，每个题项的 CITC 都大于 0.5，而且删除任何一个题项都不能提高 α 值。可见，该量表有很好的信度。

5. 权力距离量表

对权力距离量表的信度分析结果如表 5-8 所示。

如表 5-8 所示，权力距离量表的 Cronbach's α 值为 0.819，每个题项的 CITC 都大于 0.5，而且删除任何一个题项都不能提高 α 值。可见，该量表有很好的信度。

表5-8　权力距离量表的信度分析

题项	CITC	删除该题项后的 Cronbach's α 值	Cronbach's α 值
PD1	0.555	0.797	
PD2	0.689	0.767	
PD3	0.583	0.791	0.819
PD4	0.563	0.795	
PD5	0.598	0.787	
PD6	0.518	0.804	

注：N=468。

二、量表效度检验

本书继续采用因子分析方法来检验大样本的效度（使用 SPSS21.0 统计软件）。在进行各量表的因子分析之前，先要通过各量表的 KMO 值和 Bartlett's 球形检验的 p 值来判断是否适合做因子分析（见表5-9）。

表5-9　各量表是否适合做因子分析检验

量表名称	KMO 值	Bartlett's 球形检验 p 值
包容型领导	0.945	0.000
创造力	0.812	0.000
下属依赖	0.826	0.000
团队心理安全感	0.896	0.000
权力距离	0.869	0.000

如表5-9所示，所有量表的 KMO 值都在 0.80 以上，远远高于 0.60 的要求，Bartlett's 球形检验的 p 值均为 0.000，远远小于 0.001 的要求。可见，这五个量表都适合进行因子分析。

1. 包容型领导量表的因子分析

对包容型领导量表的效度分析结果如表5-10所示。

表 5-10　包容型领导量表因子分析

| 共同性 | | 因子负荷量 | | 解释的总方差 | | | | | | |
| | | | | | 初始特征值 | | | 提取成分后的特征值 | | |
题项	数值	题项	数值	成分	特征值	解释方差的百分比(%)	累计解释的百分比(%)	特征值	解释方差的百分比(%)	累计解释的百分比(%)
IL1	0.587	IL8	0.793	1	5.176	57.511	57.511	5.176	57.511	57.511
IL2	0.530	IL3	0.789	2	0.632	7.019	64.530	—	—	—
IL3	0.622	IL9	0.771	3	0.580	6.439	70.970	—	—	—
IL4	0.567	IL7	0.768	4	0.541	6.016	76.986	—	—	—
IL5	0.492	IL1	0.766	5	0.469	5.208	82.194	—	—	—
IL6	0.565	IL4	0.753	6	0.434	4.821	87.015	—	—	—
IL7	0.590	IL6	0.752	7	0.402	4.465	91.480	—	—	—
IL8	0.629	IL2	0.728	8	0.395	4.389	95.869	—	—	—
IL9	0.594	IL5	0.701	9	0.372	4.131	100.000	—	—	—

注：提取方法是主成分分析法。

如表 5-10 所示，包容型领导量表各题项抽取主成分后的共同性都在 0.20 以上，各题项的因子负荷量均大于或等于 0.50。因此，没有题项需要删除。本量表只提取出了一个因子，与设想的因子结构是一致的，共解释了总方差的 57.511%，说明该量表有较高的构念效度。

2. 创造力量表的因子分析

对创造力量表的效度分析结果如表 5-11 所示。

如表 5-11 所示，创造力量表各题项抽取主成分后的共同性都在 0.20 以上，各题项的因子负荷量均大于或等于 0.50。因此，没有题项需要删除。本量表只提取出了一个因子，与设想的因子结构是一致的，共解释了总方差的 69.735%，说明该量表有较高的构念效度。

3. 下属依赖量表的因子分析

对下属依赖量表的效度分析结果如表 5-12 所示。

表5-11　创造力量表因子分析

共同性		因子负荷量		解释的总方差						
					初始特征值			提取成分后的特征值		
题项	数值	题项	数值	成分	特征值	解释方差的百分比(%)	累计解释的百分比(%)	特征值	解释方差的百分比(%)	累计解释的百分比(%)
FC1	0.672	FC3	0.852	1	2.789	69.735	69.735	2.789	69.735	69.735
FC2	0.723	FC2	0.850	2	0.475	11.863	81.598	——	——	——
FC3	0.725	FC1	0.820	3	0.414	10.350	91.948	——	——	——
FC4	0.669	FC4	0.818	4	0.322	8.052	100.000	——	——	——

注：提取方法是主成分分析法。

表5-12　下属依赖量表因子分析（一）

共同性		旋转成分矩阵		
题项	数值	题项	共同因子1	共同因子2
FD11	0.692	FD21	**0.870**	0.130
FD12	0.660	FD22	**0.860**	0.131
FD13	0.573	FD23	**0.725**	0.170
FD14	0.645	FD24	**0.695**	0.335
FD21	0.773	FD11	0.085	**0.828**
FD22	0.756	FD12	0.179	**0.793**
FD23	0.554	FD14	0.251	**0.763**
FD24	0.596	FD13	0.199	**0.730**

注：①提取方法是主成分分析法。②旋转法：具有 Kaiser 标准化的正交旋转法。③旋转在 3 次迭代后收敛。

　　如表 5-12 所示，下属依赖量表各题项抽取主成分后的共同性都在 0.20 以上，各题项在某一共同因子上的负荷量均大于或等于 0.50，而且在其他共同因子上都小于 0.50，因此没有出现横跨因子现象。共提取出了两个共同因子，这与设想一致；从旋转后因子负荷量的结果来看，题项 FD11、FD12、FD13 和 FD14 在共同因子 2 上，FD21、FD22、FD23 和 FD24 在共同因子 1 上，这与设想的因子结构也是一致的。题项 FD11、FD12、FD13

和 FD14 代表下属认知依赖，题项 FD21、FD22、FD23 和 FD24 代表下属动机依赖。因此，没有题项需要删除。

如表 5-13 所示，两个共同因子累计解释了总方差的 65.623%，说明该量表有较高的构念效度。

表 5-13　下属依赖量表因子分析（二）

成分	解释的总方差								
	初始特征值			提取成分后的特征值			旋转后的特征值		
	特征值	解释方差的百分比(%)	累计解释的百分比(%)	特征值	解释方差的百分比(%)	累计解释的百分比(%)	特征值	解释方差的百分比(%)	累计解释的百分比(%)
1	3.758	46.974	46.974	3.758	46.974	46.974	2.646	33.078	33.078
2	1.492	18.650	65.623	1.492	18.650	65.623	2.604	32.545	65.623
3	0.662	8.279	73.902	—	—	—	—	—	—
4	0.565	7.067	80.969	—	—	—	—	—	—
5	0.453	5.659	86.628	—	—	—	—	—	—
6	0.441	5.517	92.145	—	—	—	—	—	—
7	0.402	5.030	97.174	—	—	—	—	—	—
8	0.226	2.826	100.000	—	—	—	—	—	—

注：提取方法是主成分分析法。

4. 团队心理安全感量表的因子分析

对团队心理安全感量表的效度分析结果如表 5-14 所示。

如表 5-14 所示，团队心理安全感量表各题项抽取主成分后的共同性都在 0.20 以上，各题项的因子负荷量均大于或等于 0.50。因此，没有题项需要删除。本量表只提取出了一个因子，与设想的因子结构是一致的，共解释了总方差的 51.135%，说明该量表有较高的构念效度。

5. 权力距离量表的因子分析

对权力距离量表的效度分析结果如表 5-15 所示。

表 5-14　团队心理安全感量表因子分析

| 共同性 | | 因子负荷量 | | 解释的总方差 | | | | | | |
| | | | | | 初始特征值 | | | 提取成分后的特征值 | | |
题项	数值	题项	数值	成分	特征值	解释方差的百分比(%)	累计解释的百分比(%)	特征值	解释方差的百分比(%)	累计解释的百分比(%)
TPS1	0.502	TPS5	0.761	1	3.579	51.135	51.135	3.579	51.135	51.135
TPS2	0.488	TPS3	0.753	2	0.709	10.129	61.264	—	—	—
TPS3	0.567	TPS6	0.721	3	0.625	8.934	70.198	—	—	—
TPS4	0.422	TPS7	0.709	4	0.584	8.340	78.538	—	—	—
TPS5	0.579	TPS1	0.709	5	0.532	7.602	86.140	—	—	—
TPS6	0.520	TPS2	0.698	6	0.528	7.548	93.688	—	—	—
TPS7	0.502	TPS4	0.649	7	0.442	6.312	100.000	—	—	—

注：提取方法是主成分分析法。

表 5-15　权力距离量表因子分析

| 共同性 | | 因子负荷量 | | 解释的总方差 | | | | | | |
| | | | | | 初始特征值 | | | 提取成分后的特征值 | | |
题项	数值	题项	数值	成分	特征值	解释方差的百分比(%)	累计解释的百分比(%)	特征值	解释方差的百分比(%)	累计解释的百分比(%)
PD1	0.491	PD2	0.812	1	3.164	52.740	52.740	3.164	52.740	52.740
PD2	0.659	PD5	0.740	2	0.695	11.589	64.329	—	—	—
PD3	0.525	PD3	0.725	3	0.597	9.945	74.274	—	—	—
PD4	0.498	PD4	0.706	4	0.575	9.576	83.849	—	—	—
PD5	0.548	PD1	0.701	5	0.563	9.391	93.240	—	—	—
PD6	0.442	PD6	0.665	6	0.406	6.760	100.000	—	—	—

注：提取方法是主成分分析法。

如表 5-15 所示，权力距离量表各题项抽取主成分后的共同性都在 0.20 以上，各题项的因子负荷量均大于或等于 0.50。因此，没有题项需要删除。本量表只提取出了一个因子，与设想的因子结构是一致的，共解释了总方差的 52.740%，说明该量表有较高的构念效度。

三、验证性因子分析

本书的验证性因子分析在 AMOS17.0 软件中进行，检验量表的聚合效度和区分效度。

聚合效度是指使用不同的方法测量同一内容应当有较高的相关度。聚合效度的常用检验方法是通过潜变量提取的平均方差（Average Variance Extracted，AVE）来判断。AVE 代表潜变量相对于测量误差来说能够解释的方差总量。如果 AVE 大于或等于 0.5，说明该潜变量的聚合效果好（杨志蓉，2006）。

区分效度是指同一方法测量不同的内容应当有较高的区分度。区分效度的常用检验方法是用不同潜变量的 AVE 平方根与它们之间的相关系数进行比较来判断。如果两个潜变量的 AVE 平方根均大于它们之间的相关系数，则说明这两个潜变量有较好的区分效度（Fornell and Larcher，1981）。

进行验证性因子分析使用结构方程模型方法时，需要对模型的整体适配度指标进行评估。本书将采用的评估指标及判断标准如表 5-16 所示。

表 5-16　结构方程模型的整体适配度指标

指标类型	指标表示	参考标准	理想标准值	含义
绝对拟合指数	χ^2/df	大于 0	小于 5，小于 3 更好	卡方指数 χ^2 代表观察矩阵与理论估计矩阵之间的不是配性，易受样本容量的影响，通过 χ^2/df 修正
	拟合优度指数 GFI	0~1	大于 0.9 或 0.85	理论方差、协方差能够解释观测数据的方差、协方差的程度
	调整的拟合优度指数 AGFI	0~1	大于 0.9 或 0.85	对 GFI 进行修正，减少样本容量的影响
	近似误差均方根 RMSEA	大于 0	小于 0.1，小于 0.05 更好	对错误模型比较敏感，解释模型的质量

指标类型	指标表示	参考标准	理想标准值	含义
相对拟合指数	标准拟合指数 NFI	0~1	大于 0.9 或 0.85	理论模型相对于基准模型的卡方减少程度
	增量拟合指数 IFI	0~1	大于 0.9 或 0.85	对 NFI 修正，减少其对样本量的依赖
	相对拟合指数	0~1	大于 0.9 或 0.85	克服 NFI 的缺陷，不受样本量的影响

资料来源：郗河（2009）对侯杰泰、温忠麟和成子娟（2004）等研究的整理。

1. 包容型领导的验证性因子分析

上文的探索性因子分析显示，包容型领导是单维因子，共有九个题项。对包容型领导进行验证性因子分析，分析模型如图 5-1 所示，分析结果如表 5-17 所示。

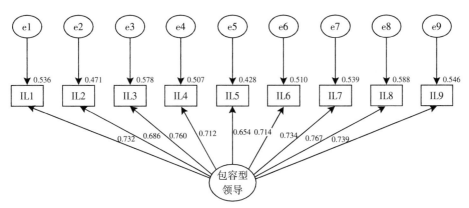

图 5-1　包容型领导的验证性因子分析模型

表 5-17　包容型领导的验证性因子分析结果

题项	标准化因子载荷（R）	标准误差（S.E.）	临界比（C.R.）	R^2	AVE
IL1	0.732	—	—	0.536	
IL2	0.686	0.063	14.449	0.471	
IL3	0.760	0.064	16.067	0.578	0.5224
IL4	0.712	0.062	15.010	0.507	
IL5	0.654	0.066	13.742	0.428	

题项	标准化因子载荷（R）	标准误差（S.E.）	临界比（C.R.）	R²	AVE
IL6	0.714	0.068	15.067	0.510	
IL7	0.734	0.068	15.496	0.539	
IL8	0.767	0.068	16.221	0.588	0.5224
IL9	0.739	0.070	15.600	0.546	

拟合优度指标：$\chi^2/df = 1.763$；GFI = 0.977；AGFI = 0.962；RMSEA = 0.04；NFI = 0.977；IFI = 0.990；CFI = 0.990

如表 5-17 所示，包容型领导的验证性因子分析拟合效果较好，各类指标均达到评价标准的要求，其中绝对拟合指数 $\chi^2/df = 1.763$（要求小于5，小于 3 更佳），GFI = 0.977（要求大于 0.9，大于 0.85 也可），AGFI = 0.962（要求大于 0.9，大于 0.85 也可），RMSEA = 0.04（要求小于 0.10，小于 0.05 更佳）；相对拟合指数 NFI = 0.977（要求大于 0.9，大于 0.85 也可），IFI = 0.990（要求大于 0.9，大于 0.85 也可），CFI = 0.990（要求大于 0.9，大于 0.85 也可）。并且，该量表各题项的标准化因子负载均大于 0.65（最低标准 0.4），整个包容型领导一阶因子的 AVE = 0.5224（要求大于 0.5），可见量表具有较高的聚合效度。

2. 下属创造力的验证性因子分析

上文的探索性因子分析显示，下属创造力是单维因子，共有四个题项。对下属创造力进行验证性因子分析，分析模型如图 5-2 所示，分析结果如表 5-18 所示。

如表 5-18 所示，下属创造力的验证性因子分析拟合效果较好，各类指标均达到评价标准的要求，其中绝对拟合指数 $\chi^2/df = 4.993$（要求小于5，小于 3 更佳），GFI = 0.988（要求大于 0.9，大于 0.85 也可），AGFI = 0.942（要求大于 0.9，大于 0.85 也可），RMSEA = 0.099（要求小于 0.10，小于 0.05 更佳）；相对拟合指数 NFI = 0.986（要求大于 0.9，大于 0.85 也可），IFI = 0.988（要求大于 0.9，大于 0.85 也可），CFI = 0.988（要求大于 0.9，大于 0.85 也可）。并且，该量表各题项的标准化因子负载均大于或等

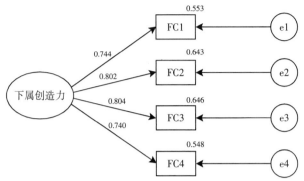

图 5-2　下属创造力的验证性因子分析模型

表 5-18　下属创造力的验证性因子分析结果

题项	标准化因子载荷（R）	标准误差（S.E.）	临界比（C.R.）	R^2	AVE
FC1	0.744	—	—	0.553	
FC2	0.802	0.063	16.066	0.643	
FC3	0.804	0.064	16.097	0.646	0.5977
FC4	0.740	0.068	14.965	0.548	

拟合优度指标：χ^2/df = 4.993；GFI = 0.988；AGFI = 0.942；RMSEA = 0.099；NFI = 0.986；IFI = 0.988；CFI = 0.988

于 0.740（最低标准 0.4），整个包容型领导一阶因子的 AVE = 0.5977（要求大于 0.5），可见量表具有较高的聚合效度。

3. 下属依赖的验证性因子分析

上文的探索性因子分析显示，下属依赖是一个二阶因子，包含两个维度，共有八个题项。对下属依赖进行验证性因子分析，分析模型如图 5-3 所示，分析结果如表 5-19 所示。

如表 5-19 所示，下属依赖的验证性因子分析拟合效果较好，各类指标均达到评价标准的要求，其中绝对拟合指数 χ^2/df = 4.751（要求小于 5，小于 3 更佳），GFI = 0.943（要求大于 0.9，大于 0.85 也可），AGFI = 0.893（要求大于 0.9，大于 0.85 也可），RMSEA = 0.098（要求小于 0.10，小于 0.05 更佳）；相对拟合指数 NFI = 0.932（要求大于 0.9，大于 0.85 也可），

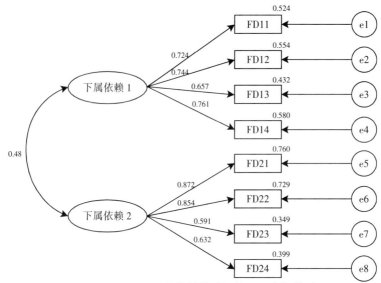

图 5-3 下属依赖的验证性因子分析模型

表 5-19 下属依赖的验证性因子分析结果

因子结构	题项	标准化因子载荷 (R)	标准误差 (S.E.)	临界比 (C.R.)	R^2	AVE
下属认知依赖	FD11	0.724	—	—	0.524	0.5221
	FD12	0.744	0.063	13.872	0.554	
	FD13	0.657	0.065	12.505	0.432	
	FD14	0.761	0.060	14.085	0.580	
下属动机依赖	FD21	0.872	—	—	0.760	0.5596
	FD22	0.854	0.049	19.989	0.729	
	FD23	0.591	0.055	13.202	0.349	
	FD24	0.632	0.050	14.330	0.399	

拟合优度指标：$\chi^2/df = 4.751$；GFI = 0.943；AGFI = 0.893；RMSEA = 0.098；NFI = 0.932；IFI = 0.944；CFI = 0.944

IFI = 0.944（要求大于 0.9，大于 0.85 也可），CFI = 0.944（要求大于 0.9，大于 0.85 也可）。并且，该量表所有题项的标准化因子负载均大于或等于 0.591（最低标准 0.4），下属认知依赖因子和下属动机依赖因子的 AVE 分别为 0.5221 和 0.5596（要求大于 0.5），可见量表具有较高的聚合效度。

下属依赖变量两个维度之间的区分效度检验结果如表 5-20 所示。对角线上括号内的数值（0.72 和 0.75）分别为两个维度的 AVE 平方根，对角线以下的数字（0.48）为两个维度之间的相关系数。可见，两个维度的 AVE 平方根均大于它们之间的相关系数，证实了下属依赖的两个维度之间有很好的区分效度。

表 5-20　下属依赖各维度的区分效度分析

	下属认知依赖	下属动机依赖
下属认知依赖	(0.72)	
下属动机依赖	0.48	(0.75)

4. 团队心理安全感的验证性因子分析

上文的探索性因子分析显示，团队心理安全感是单维因子，共有七个题项。对团队心理安全感进行验证性因子分析，分析模型如图 5-4 所示，分析结果如表 5-21 所示。

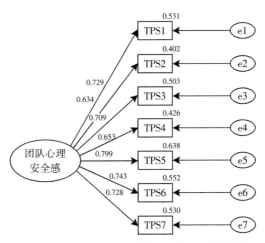

图 5-4　团队心理安全感的验证性因子分析模型

表 5-21　团队心理安全感的验证性因子分析结果

题项	标准化因子载荷（R）	标准误差（S.E.）	临界比（C.R.）	R^2	AVE
TPS1	0.729	—	—	0.531	
TPS2	0.634	0.077	11.37	0.402	
TPS3	0.709	0.089	12.461	0.503	
TPS4	0.653	0.077	10.507	0.426	0.5118
TPS5	0.799	0.084	12.57	0.638	
TPS6	0.743	0.081	11.817	0.552	
TPS7	0.728	0.082	11.625	0.530	

拟合优度指标：$\chi^2/df = 1.328$；GFI = 0.989；AGFI = 0.978；RMSEA = 0.026；NFI = 0.982；IFI = 0.955；CFI = 0.955

如表 5-21 所示，团队心理安全感的验证性因子分析拟合效果较好，各类指标均达到评价标准的要求，其中绝对拟合指数 $\chi^2/df = 1.328$（要求小于 5，小于 3 更佳），GFI = 0.989（要求大于 0.9，大于 0.85 也可），AGFI = 0.978（要求大于 0.9，大于 0.85 也可），RMSEA = 0.026（要求小于 0.10，小于 0.05 更佳）；相对拟合指数 NFI = 0.982（要求大于 0.9，大于 0.85 也可），IFI = 0.955（要求大于 0.9，大于 0.85 也可），CFI = 0.955（要求大于 0.9，大于 0.85 也可）。并且，该量表各题项的标准化因子负载均大于 0.6（最低标准 0.4），整个团队心理安全感一阶因子的 AVE = 0.5118（要求大于 0.5），可见量表具有较高的聚合效度。

5. 权力距离的验证性因子分析

上文的探索性因子分析显示，权力距离是单维因子，共有六个题项。对权力距离进行验证性因子分析，分析模型如图 5-5 所示，分析结果如表 5-22 所示。

如表 5-22 所示，权力距离的验证性因子分析拟合效果较好，各类指标均达到评价标准的要求，其中绝对拟合指数 $\chi^2/df = 1.156$（要求小于 5，小于 3 更佳），GFI = 0.993（要求大于 0.9，大于 0.85 也可），AGFI = 0.983（要求大于 0.9，大于 0.85 也可），RMSEA = 0.018（要求小于 0.10，小于

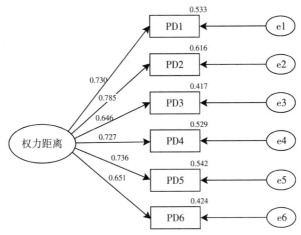

图 5-5　权力距离的验证性因子分析模型

表 5-22　权力距离的验证性因子分析结果

题项	标准化因子载荷（R）	标准误差（S.E.）	临界比（C.R.）	R^2	AVE
PD1	0.730	—	—	0.533	
PD2	0.785	0.094	12.781	0.616	
PD3	0.646	0.082	11.233	0.417	0.5101
PD4	0.727	0.088	10.862	0.529	
PD5	0.736	0.096	11.641	0.542	
PD6	0.651	0.085	10.213	0.424	

拟合优度指标：$\chi^2/df = 1.156$；GFI = 0.993；AGFI = 0.983；RMSEA = 0.018；NFI = 0.987；IFI = 0.998；CFI = 0.998

0.05 更佳）；相对拟合指数 NFI = 0.987（要求大于 0.9，大于 0.85 也可），IFI = 0.998（要求大于 0.9，大于 0.85 也可），CFI = 0.998（要求大于 0.9，大于 0.85 也可）。并且，该量表各题项的标准化因子负载均大于 0.6（最低标准 0.4），整个权力距离一阶因子的 AVE = 0.5101（要求大于 0.5），可见量表具有较高的聚合效度。

6. 各量表的区分效度分析

各量表之间的区分效度检验结果如表 5-23 所示。对角线上括号内的数值（0.72、0.77、0.72 等）分别为各变量的 AVE 平方根，对角线以下的数值（0.23、0.11、–0.17 等）分别为各变量之间的相关系数。可见，对角线以下的数值均小于对角线上的数值，即各变量的 AVE 平方根均大于它们之间的相关系数，证实了本书各量表之间有很好的区分效度。

表 5-23　各量表的区分效度分析

	包容型领导	下属创造力	下属认知依赖	下属动机依赖	团队心理安全感	权力距离
包容型领导	(0.72)	—	—	—	—	—
下属创造力	0.23	(0.77)	—	—	—	—
下属认知依赖	0.11	–0.17	(0.72)	—	—	—
下属动机依赖	–0.12	–0.25	0.44	(0.75)	—	—
团队心理安全感	0.38	0.22	–0.04	–0.09	(0.72)	—
权力距离	–0.10	0.03	0.21	0.06	–0.13	(0.71)

资料来源：使用 SPSS21.0 软件统计各变量的相关系数，基于上文各变量的 AVE 值计算 AVE 平方根。

四、共同方法偏差检验

本书仍然采用 Harman 单因子检验方法来检验共同方法偏差。具体做法是在 SPSS21.0 软件中将各变量同时纳入进行整体因子分析，查看未旋转的因子分析结果，如果只提取了一个因子或者某个因子的解释率达到了50%，就可以判断存在严重的共同方法偏差。

各变量整体的 KMO 值为 0.880，远远高于 0.60 的要求，Bartlett's 球形检验的 p 值为 0.000（小于 0.001），所以适合进行因子分析。对共同方法偏差的检验结果如表 5-24 所示。

从表 5-24 中未旋转的因子分析结果可知，按照特征值大于 1 的方法提取了 6 个共同因子，解释力最强的第一个共同因子能解释总方差的19.959%。可见，既未出现只提取了一个因子的情况，也未出现某个因子的解释率达到了 50% 的情况。因此，可以认为本书不存在严重的共同方法偏差。

表 5-24 共同方法偏差检验

解释的总方差

成分	初始特征值			提取成分后的特征值			旋转后的特征值		
	特征值	解释方差的百分比(%)	累计解释的百分比(%)	特征值	解释方差的百分比(%)	累计解释的百分比(%)	特征值	解释方差的百分比(%)	累计解释的百分比(%)
1	6.786	19.959	19.959	6.786	**19.959**	19.959	5.212	15.330	15.330
2	4.228	12.437	32.396	4.228	12.437	32.396	3.635	10.692	26.022
3	3.232	9.506	41.901	3.232	9.506	41.901	3.238	9.523	35.545
4	2.577	7.579	49.480	2.577	7.579	49.480	2.832	8.329	43.874
5	2.028	5.965	55.445	2.028	5.965	55.445	2.703	7.950	51.824
6	1.385	4.073	59.518	1.385	4.073	59.518	2.616	7.693	59.518

注：①特征值小于 1 的已省略。②提取方法是主成分分析法。③提取标准：特征值大于 1。

第三节 控制变量对结果变量和中介变量的影响分析

控制变量是指研究中自变量以外的可能影响因变量和中介变量的变量。研究时考虑控制变量有利于更好地确认自变量与因变量和中介变量之间的关系（Pedhazur and Schmelkin，1991）。本书共有五个控制变量：性别、年龄、受教育程度、工龄和与领导共事时间。本书将使用 SPSS21.0 软件对这五个控制变量进行平均数差异检验，以分析控制变量对结果变量和中介变量的影响。平均数差异检验常采用独立样本 T 检验（适合两个群体类别的变量）和单因子方差分析（适合 3 个及以上群体类别的变量）两种方法进行。因此，本书的五个控制变量中，将对控制变量"年龄""受教育程度""工龄"和"与领导共事时间"进行单因素方差分析，对控制变量"性别"进行独立样本 T 检验。

一、性别的独立样本 T 检验

性别对结果变量和中介变量的独立样本 T 检验分两步进行，首先通过 Levene 法的 F 值检验判断两组的方差是否同质（相等），其次检验两组的平均数是否有显著差异。检验结果如表 5-25 所示。

表 5-25　性别的独立样本 T 检验

检验变量	性别	样本个数	平均数	标准差	T 值
创造力	男	216	3.8090	0.61591	3.081**
	女	252	3.6339	0.61047	
团队心理安全感	男	216	3.6733	0.55424	1.615
	女	252	3.5890	0.57023	
下属认知依赖	男	216	2.5382	0.71892	−0.570
	女	252	2.5774	0.76102	
下属动机依赖	男	216	2.3738	0.83003	0.292
	女	252	2.3522	0.77191	

注：* 表示 $p < 0.05$；** 表示 $p < 0.01$；*** 表示 $p < 0.001$。

如表 5-25 所示，男性员工与女性员工在创造力方面有显著差异（T 值 3.081 在 $p < 0.01$ 水平显著），而在团队心理安全感、下属认知依赖和下属动机依赖方面没有显著差异。可能的解释是：第一，自中华人民共和国成立以来，我国一直积极倡导男女平等，虽然当前仍有女性就业相对困难的现象，但是一旦进入一个组织，组织和领导对男性和女性都是同等对待的，工作环境、奖惩措施等都是一视同仁。因此，男性员工和女性员工在对团队的安全感知和对领导的依赖方面就不会出现大的差异。第二，虽然社会提倡男女平等，但从大部分家庭的分工来看，必定需要妻子或丈夫其中一位在事业发展方面做出一些牺牲，花费相对另一方更多的精力来照顾家庭和小孩。然而，根据生理特征和传统文化等，更多的家庭是选择男主外、女主内的分工方式。因此，男性在工作中将表现出更多的创意来赢得

组织的认同。

二、年龄的单因素方差分析

本书将年龄分为 6 组：25 岁及以下、26~30 岁、31~35 岁、36~40 岁、41~50 岁、51 岁及以上。采用单因素方差分析方法来检验年龄对结果变量和中介变量的影响。分析结果如表 5-26 所示。

表 5-26　年龄的单因素方差分析

变量	变异来源	平方和	df	均方	F	显著性
创造力	组间	4.486	5	0.897	2.380	0.038
	组内	174.183	462	0.377		
	总数	178.668	467	—		
团队心理安全感	组间	7.160	5	1.432	4.681	0.000
	组内	141.327	462	0.306		
	总数	148.487	467	—		
下属认知依赖	组间	3.887	5	0.777	1.421	0.215
	组内	252.780	462	0.547		
	总数	256.667	467	—		
下属动机依赖	组间	12.556	5	2.511	4.068	0.001
	组内	285.179	462	0.617		
	总数	297.736	467	—		

注：方差的齐次性检验显著水平为 0.05。

如表 5-26 所示，不同年龄阶段的员工在创造力（p = 0.038 < 0.05）、团队心理安全感（p = 0.000 < 0.05）和下属动机依赖（p = 0.001 < 0.05）三个方面有显著差异。为了进一步检验年龄在以上三个方面的差异，本书采用了事后比较 LSD 法进行两两比较，结果如表 5-27 所示。

如表 5-27 所示，各行数值均表示该变量在 I 年龄阶段比 J 年龄阶段的均值更大，而且均值差（I-J）达到了显著水平。表 5-27 中反映出的各

表 5-27　不同年龄阶段的 LSD 法两两比较

因变量	选项（I）	选项（J）	均值差（I-J）
创造力	31~35 岁	25 岁及以下	0.23043*
	31~35 岁	26~30 岁	0.26103*
团队心理安全感	25 岁及以下	26~30 岁	0.18601*
	25 岁及以下	41~50 岁	0.48026*
	26~30 岁	41~50 岁	0.29425*
	31~35 岁	41~50 岁	0.37942*
	36~40 岁	41~50 岁	0.37500*
下属动机依赖	25 岁及以下	31~35 岁	0.43722*
	25 岁及以下	41~50 岁	0.41336*
	26~30 岁	31~35 岁	0.38923*
	26~30 岁	41~50 岁	0.36537*

注：* 表示均值差的显著性水平为 0.05；方差的齐次性检验显著水平为 0.05。

种差异显著的现象可能的解释有以下几点：

（1）关于创造力。不难看出 30 岁以下的员工创造力不及 31~35 岁的员工。从创造力组成模型的角度可以进行解释（Aambile，1988，1996），该模型提出创造力的三要素是领域相关技能、创造力相关过程和工作动机，特别是领域相关技能方面，30 岁以下的员工工作经验较欠缺，而且承担了组织中最基础、最烦琐的工作，因此难以在工作中体现出较高的创造力，而 30~35 岁的员工，基本上属于企业的业务骨干，领域相关技能很强，因此更加容易体现出较高的创造力。

（2）关于团队心理安全感。表 5-27 中呈现了一种现象，几乎是年龄越大团队心理安全感越低。正所谓初生牛犊不怕虎，年龄越大则顾虑就越多，就变得越来越谨慎。

（3）关于下属动机依赖。从表 5-27 中可见，30 岁以下的员工动机依赖更强，这与现实情况比较吻合。年轻人的工作自觉性较差，更需要领导的指导和督促，一旦领导不在现场，其工作投入和工作激情容易下降。

三、受教育程度的单因素方差分析

本书将受教育程度分为 5 组：高中及以下、专科、本科、硕士、博士。采用单因素方差分析方法来检验受教育程度对结果变量和中介变量的影响（见表 5-28）。

表 5-28　受教育程度的单因素方差分析

变量	变异来源	平方和	df	均方	F	显著性
创造力	组间	0.589	3	0.196	0.511	0.675
	组内	178.079	464	0.384		
	总数	178.668	467	—		
团队心理安全感	组间	2.697	3	0.899	2.862	0.036
	组内	145.790	464	0.314		
	总数	148.487	467	—		
下属认知依赖	组间	6.087	3	2.029	3.757	0.011
	组内	250.580	464	0.540		
	总数	256.667	467	—		
下属动机依赖	组间	6.099	3	2.033	3.235	0.022
	组内	291.636	464	0.629		
	总数	297.736	467	—		

注：方差的齐次性检验显著水平为 0.05。

如表 5-28 所示，不同受教育程度的员工在团队心理安全感（p = 0.036 < 0.05）、下属认知依赖（p = 0.011 < 0.05）和下属动机依赖（p = 0.022 < 0.05）三个方面有显著差异。为了进一步检验受教育程度在以上三个方面的差异，本书采用了事后比较 LSD 法进行两两比较，结果如表 5-29 所示。

表5-29　不同受教育程度的 LSD 法两两比较

因变量	选项（I）	选项（J）	均值差（I-J）
团队心理安全感	本科	高中及以下	0.20720*
下属认知依赖	专科	高中及以下	0.32500*
	专科	本科	0.23370*
	硕士	高中及以下	0.43214*
	硕士	本科	0.34084*
	本科	高中及以下	0.29320*
	硕士	高中及以下	0.59548*

注：* 表示均值差的显著性水平为 0.05；方差的齐次性检验显著水平为 0.05。

如表 5-29 所示，各行数值均表示该变量在 I 受教育程度比 J 受教育程度的均值更大，而且均值差（I-J）达到了显著水平。表 5-29 中最为突出的现象是高中及以下学历的员工团队心理安全感更弱，而且对领导的依赖也更弱。这种现象可能的解释是：因为他们学历比较低，从事的工作可替代性更强，所以更加担心在组织中得罪领导或者给领导留下不好的印象，因此表现得更加谨慎、更加勤奋。另外，同等年龄的情况下，学历越高参加工作的时间就越短，对业务及工作环境不够熟悉，因而对领导产生更强的依赖。

四、工龄的单因素方差分析

本书将员工的工龄分为 6 组：不满 1 年、1~2 年、3~5 年、6~10 年、11~20 年、超过 20 年。采用单因素方差分析方法来检验工龄对结果变量和中介变量的影响。分析结果如表 5-30 所示。

如表 5-30 所示，不同工龄阶段的员工在创造力（$p = 0.001 < 0.05$）、团队心理安全感（$p = 0.000 < 0.05$）和下属动机依赖（$p = 0.006 < 0.05$）三个方面有显著差异。为了进一步检验工龄在以上三个方面的差异，本书采用了事后比较 LSD 法进行两两比较，结果如表 5-31 所示。

表 5-30　工龄的单因素方差分析

变量	变异来源	平方和	df	均方	F	显著性
创造力	组间	7.643	5	1.529	4.129	0.001
	组内	171.026	462	0.370		
	总数	178.668	467	—		
团队心理安全感	组间	7.321	5	1.464	4.792	0.000
	组内	141.166	462	0.306		
	总数	148.487	467	—		
下属认知依赖	组间	3.614	5	0.723	1.320	0.254
	组内	253.053	462	0.548		
	总数	256.667	467	—		
下属动机依赖	组间	10.182	5	2.036	3.272	0.006
	组内	287.554	462	0.622		
	总数	297.736	467	—		

注：方差的齐次性检验显著水平为 0.05。

表 5-31　不同工龄阶段的 LSD 法两两比较

因变量	选项（I）	选项（J）	均值差（I-J）
创造力	1~2 年	不满 1 年	0.18403*
	3~5 年	不满 1 年	0.29746*
	6~10 年	不满 1 年	0.38144*
	6~10 年	1~2 年	0.19741*
	11~20 年	不满 1 年	0.37646*
	超过 20 年	不满 1 年	0.39316*
团队心理安全感	不满 1 年	11~20 年	0.25157*
	不满 1 年	超过 20 年	0.74405*
	1~2 年	超过 20 年	0.67962*
	3~5 年	超过 20 年	0.63892*
	6~10 年	超过 20 年	0.58537*
	11~20 年	超过 20 年	0.49248*

因变量	选项（I）	选项（J）	均值差（I–J）
下属动机依赖	不满 1 年	6~10 年	0.30530*
	不满 1 年	11~20 年	0.31268*
	1~2 年	3~5 年	0.22468*
	1~2 年	6~10 年	0.32573*
	1~2 年	11~20 年	0.33311*
	1~2 年	超过 20 年	0.48544*

注：* 表示均值差的显著性水平为 0.05；方差的齐次性检验显著水平为 0.05。

如表 5–31 所示，各行数值均表示该变量在 I 工龄阶段比 J 工龄阶段的均值更大，而且均值差（I–J）达到了显著水平。表 5–31 集中反映出如下现象：第一，有 6~10 年工作经验的员工创造力比较突出，工作不满一年的创造力最差；第二，工龄越长，团队心理安全感就越弱；第三，工龄越长，对领导的动机依赖就越弱。这个规律与上文年龄的单因素方差分析结果惊人地相似。进行相关关系分析发现，本书的工龄与年龄接近高度相关（0.758**）。因此，关于不同工龄阶段的这些显著差异，可能的解释与年龄的一致，这里就不再赘述。

五、与领导共事时间的单因素方差分析

本书将团队成员与现任直接领导共事时间的长短分为 6 组：不足 3 个月、4~6 个月、1~2 年、2~3 年、3~5 年、5 年以上。采用单因素方差分析方法来检验与领导共事时间对结果变量和中介变量的影响。分析结果如表 5–32 所示。

如表 5–32 所示，不同与领导共事时间的员工在创造力（$p=0.021<0.05$）方面有显著差异。为了进一步检验与领导共事时间在创造力方面的差异，本书采用了事后比较 LSD 法进行两两比较，结果如表 5–33 所示。

表 5–32　与领导共事时间的单因素方差分析

变量	变异来源	平方和	df	均方	F	显著性
创造力	组间	5.039	5	1.008	2.682	0.021
	组内	173.629	462	0.376		
	总数	178.668	467	—		
团队心理安全感	组间	1.924	5	0.385	1.213	0.302
	组内	146.564	462	0.317		
	总数	148.487	467	—		
下属认知依赖	组间	1.763	5	0.353	0.639	0.670
	组内	254.904	462	0.552		
	总数	256.667	467	—		
下属动机依赖	组间	6.051	5	1.210	1.917	0.090
	组内	291.685	462	0.631		
	总数	297.736	467	—		

注：方差的齐次性检验显著水平为 0.05。

表 5–33　不同与领导共事时间的 LSD 法两两比较

因变量	选项（I）	选项（J）	均值差（I–J）
创造力	4~6 个月	不足 3 个月	0.26717*
	2~3 年	不足 3 个月	0.32030*
	5 年以上	不足 3 个月	0.44372*
	5 年以上	1~2 年	0.23670*
	5 年以上	3~5 年	0.28325*

注：* 表示均值差的显著性水平为 0.05；方差的齐次性检验显著水平为 0.05。

　　如表 5-33 所示，各行数值均表示该变量在 I 与领导共事时间比 J 与领导共事时间的均值更大，而且均值差（I-J）达到了显著水平。表 5-33 中反映出与领导共事的时间越长创造力越强，特别是 5 年以上的创造力特别突出。可能的解释是：与领导一起共事的时间越长，绝大部分情况属于在现任岗位工作的年限就越长（随领导一起调动的情况毕竟是少数），因此掌握的领域相关技能就越强，根据创造力的三要素模型可知，这样的员工可能会有更强的创造力表现。

第四节　回归分析

一、相关分析

相关分析是回归分析的基础。相关分析只是体现变量之间是否存在显著关系，以及关系的方向和程度，但是不能确定关系显著的两个变量到底哪个是因、哪个是果，而回归分析能进一步检验变量间的因果关系。因此，在回归分析之前，本书先分析了变量之间的相关关系。分析结果如表5-34所示。

表 5-34　各变量之间的相关系数矩阵

变量	FC	IL	TPS	FD1	FD2	PD
FC	1	—	—	—	—	—
IL	0.229**	1	—	—	—	—
TPS	0.224**	0.382**	1	—	—	—
FD1	−0.174**	0.107*	−0.044	1	—	—
FD2	−0.249**	−0.119**	−0.089	0.437**	1	—
PD	0.030	−0.102*	−0.128**	0.205**	0.058	1

注：①N=468。②** 表示在 0.01 水平（双侧）上显著相关。* 表示在 0.05 水平（双侧）上显著相关。③FC：下属创造力。IL：包容型领导。FD：下属依赖（其中，FD1：下属认知依赖。FD2：下属动机依赖）。TPS：团队心理安全感。PD：权力距离。

如表5-34所示，除了权力距离与下属创造力、下属认知依赖和下属动机依赖与团队心理安全感、权力距离与下属动机依赖之间关系不显著外，其他变量之间关系都显著，其中自变量（IL）和中介变量（TPS、FD1、FD2）均与因变量在 0.01 水平上显著相关，这为下一步将进行的回归分析打好了基础。根据相关关系的正负号判断，大部分结果与假设相吻合。但是，包容型领导（IL）与下属动机依赖（FD2）之间的相关性方向与假设相反，这有待在回归分析后进行进一步考证。

二、多重共线性检验

解释变量之间存在着严重的线性相关关系现象就是多重共线性。如果回归分析中发生多重共线性问题，会影响预测变量对效标变量的有效解释。本书需要使用回归分析来检验包容型领导、团队心理安全感、下属认知依赖和下属动机依赖对下属创造力的影响。因此，本书将解释变量（含调节变量权力距离）一并进行多重共线性检验。本书选择在 SPSS21.0 软件中采用方差比例（Variance Proportions）来诊断多重共线性。检验结果如表 5–35 所示。

表 5–35　多重共线性检验

模型	维数	特征值	条件索引	方差比例					
				（常量）	IL	TPS	FD1	FD2	PD
1	1	5.777	1.000	0.00	0.00	0.00	0.00	0.00	0.00
	2	0.098	7.660	0.00	0.02	0.02	0.06	0.47	0.02
	3	0.057	10.081	0.00	0.04	0.05	0.06	0.08	0.60
	4	0.046	11.255	0.00	0.01	0.00	0.82	0.33	0.15
	5	0.014	20.019	0.00	0.73	0.63	0.06	0.03	0.00
	6	0.008	27.318	0.99	0.20	0.29	0.00	0.09	0.22

注：①N = 468。②因变量：FC。③FC：下属创造力。IL：包容型领导。FD：下属依赖（其中，FD1：下属认知依赖。FD2：下属动机依赖）。TPS：团队心理安全感。PD：权力距离。

如表 5–35 所示，方差比例为六个特征值所构成的方形矩阵（6 × 6 矩阵），如果某一特征值上（即某一行）同时存在两个变量的方差比例值高于 0.8，表示这两个变量间的共线性严重（吴明隆，2008）。可见在表 5–35 中的各变量之间不存在严重的多重共线性。

三、包容型领导对下属创造力的回归分析

该回归分析的目的是对假设 1 进行检验。假设 1：包容型领导对下属创造力有正向影响。本书采用分层线性回归方法来进行分析，以性别、年龄、受教育程度、工龄和与领导共事时间为控制变量，以包容型领导为自变量，以下属创造力为因变量。首先将五个控制变量（性别、年龄、受教育程度、工龄和与领导共事时间）纳入回归方程，其次纳入自变量包容型领导，分析结果如表 5–36 所示。

表 5–36　包容型领导对下属创造力的层级回归结果

项目	变量	阶层一		阶层二	
		β	t 值	β	t 值
控制变量	性别	−0.149	−3.281**	−0.165	−3.729***
	年龄	−0.089	−1.208	−0.094	−1.310
	受教育程度	0.005	0.097	−0.015	−0.304
	工龄	0.254	3.577***	0.249	3.608***
	与领导共事时间	0.025	0.491	0.023	0.480
自变量	包容型领导	—	—	0.237	5.384***
回归模型摘要	F 值	6.108***		10.229***	
	R^2	0.062		0.117	
	ΔF 值	6.108***		28.984***	
	ΔR^2	0.062		0.055	

注：①因变量：下属创造力。②* 表示 $p < 0.05$；** 表示 $p < 0.01$；*** 表示 $p < 0.001$。

如表 5–36 所示，在阶层一回归模型中，五个控制变量对因变量的解释变异为 6.2%，此解释力达到统计上的显著水平（ΔF = 6.108，$p < 0.001$），说明控制变量对因变量有显著的预测作用。在阶层二回归模型中加入了自变量包容型领导，则控制变量和自变量可以解释因变量 11.7% 的变异量，排除控制变量的影响，包容型领导对因变量下属创造力的解释力为 5.5%，

此解释力也达到统计上的显著水平（$\Delta F = 28.984$，$p < 0.001$），其标准化回归系数 β 值达到显著水平（$\beta = 0.237$，$p < 0.05$）。因为 β 为正数，表明包容型领导对下属创造力具有正向影响。因此，假设 1 得到验证。

四、包容型领导对团队心理安全感的回归分析

该回归分析的目的是对假设 2 进行检验。假设 2：包容型领导对团队心理安全感有正向影响。本书采用分层线性回归方法来进行分析，以性别、年龄、受教育程度、工龄和与领导共事时间为控制变量，以包容型领导为自变量，以团队心理安全感为因变量。首先将五个控制变量（性别、年龄、受教育程度、工龄和与领导共事时间）纳入回归方程，其次纳入自变量包容型领导，分析结果如表 5-37 所示。

表 5-37　包容型领导对团队心理安全感的层级回归结果

项目	变量	阶层一		阶层二	
		β	t 值	β	t 值
控制变量	性别	−0.068	−1.491	−0.095	−2.247*
	年龄	−0.098	−1.323	−0.106	−1.556
	受教育程度	−0.006	−0.114	−0.038	−0.829
	工龄	−0.115	−1.608	−0.124	−1.885
	与领导共事时间	0.015	0.293	0.013	0.274
自变量	包容型领导	—	—	0.394	9.393***
回归模型摘要	F 值	4.124**		18.789***	
	R^2	0.043		0.196	
	ΔF 值	4.124**		88.223***	
	ΔR^2	0.043		0.154	

注：①因变量：团队心理安全感。②* 表示 $p < 0.05$；** 表示 $p < 0.01$；*** 表示 $p < 0.001$。

如表 5-37 所示，在阶层一回归模型中，五个控制变量对因变量的解释变异为 4.3%，此解释力达到统计上的显著水平（$\Delta F = 4.124$，$p < 0.01$），

说明控制变量对因变量有显著的预测作用。在阶层二回归模型中加入了自变量包容型领导，则控制变量和自变量可以解释因变量 19.6% 的变异量，排除控制变量的影响，包容型领导对因变量团队心理安全感的解释力为 15.4%，此解释力也达到统计上的显著水平（$\Delta F = 88.223$，$p < 0.001$），其标准化回归系数 β 值达到显著水平（$\beta = 0.394$，$p < 0.05$）。因为 β 为正数，表明包容型领导对团队心理安全感具有正向影响。因此，假设 2 得到验证。

五、包容型领导对下属依赖的回归分析

该回归分析的目的是对假设 3 及其子假设进行检验。假设 3：包容型领导对下属依赖有正向影响。假设 3a：包容型领导对下属认知依赖有正向影响。假设 3b：包容型领导对下属动机依赖有正向影响。

对假设 3（包容型领导对下属依赖有正向影响）进行检验，采用分层线性回归方法来进行分析，以性别、年龄、受教育程度、工龄和与领导共事时间为控制变量，以包容型领导为自变量，以下属依赖为因变量。首先将五个控制变量（性别、年龄、受教育程度、工龄和与领导共事时间）纳入回归方程，其次纳入自变量包容型领导，分析结果如表 5-38 所示。

表 5-38　包容型领导对下属依赖的层级回归结果

项目	变量	阶层一		阶层二	
		β	t 值	β	t 值
控制变量	性别	0.009	0.200	0.010	0.220
	年龄	−0.030	−0.405	−0.030	−0.401
	受教育程度	0.051	0.999	0.052	1.018
	工龄	−0.110	−1.515	−0.109	−1.509
	与领导共事时间	−0.003	−0.051	−0.003	−0.050
自变量	包容型领导	—	—	−0.014	−0.309

续表

项目	变量	阶层一		阶层二	
		β	t 值	β	t 值
回归模型 摘要	F 值	2.383*		1.998	
	R²	0.25		0.25	
	ΔF 值	2.383*		0.095	
	ΔR²	0.25		0.00	

注：①因变量：下属依赖。②* 表示 $p < 0.05$；** 表示 $p < 0.01$；*** 表示 $p < 0.001$。

如表 5-38 所示，在阶层一回归模型中，五个控制变量对因变量的解释变异为 25%，此解释力达到统计上的显著水平（$\Delta F = 2.383$，$p < 0.05$），说明控制变量对因变量有显著的预测作用。在阶层二回归模型中加入了自变量包容型领导，控制变量和自变量可以解释因变量的变异量没有发生变化。所以，排除控制变量的影响后，包容型领导对因变量下属依赖的解释力为 0%，此解释力没有达到统计上的显著水平（$\Delta F = 0.095$，$p > 0.05$），其标准化回归系数 β 值也未达到显著水平（$p > 0.05$）。表明包容型领导对下属依赖的影响不显著。因此，假设 3 没有得到验证。

对子假设 3a（包容型领导对下属认知依赖有正向影响）进行检验，采用分层线性回归方法来进行分析，以性别、年龄、受教育程度、工龄和与领导共事时间为控制变量，以包容型领导为自变量，以下属认知依赖为因变量。首先将五个控制变量（性别、年龄、受教育程度、工龄和与领导共事时间）纳入回归方程，其次纳入自变量包容型领导，分析结果如表 5-39所示。

如表 5-39 所示，在阶层一回归模型中，五个控制变量对因变量的解释变异为 0.6%，此解释力没有达到统计上的显著水平（$\Delta F = 0.604$，$p > 0.05$），说明控制变量对因变量没有显著的预测作用。在阶层二回归模型中加入了自变量包容型领导，则控制变量和自变量可以解释因变量 1.8% 的变异量，排除控制变量的影响，包容型领导对因变量下属认知依赖的解释力为 1.1%，此解释力达到了统计上的显著水平（$\Delta F = 5.357$，$p < 0.05$），

表 5-39　包容型领导对下属认知依赖的层级回归结果

项目	变量	阶层一		阶层二	
		β	t 值	β	t 值
控制变量	性别	0.028	0.598	0.021	0.445
	年龄	−0.006	−0.076	−0.008	−0.104
	受教育程度	−0.001	−0.013	−0.010	−0.186
	工龄	−0.076	−1.045	−0.079	−1.082
	与领导共事时间	0.013	0.251	0.012	0.241
自变量	包容型领导	—	—	0.107	2.315*
回归模型摘要	F 值	0.604		1.401	
	R²	0.006		0.018	
	ΔF 值	0.604		5.357*	
	ΔR²	0.006		0.011	

注：①因变量：下属认知依赖。②* 表示 $p < 0.05$；** 表示 $p < 0.01$；*** 表示 $p < 0.001$。

其标准化回归系数 β 值达到显著水平（$β = 0.107$，$p < 0.05$）。因为 β 为正数，表明包容型领导对下属认知依赖具有正向影响。因此，假设 3a 得到验证。

对子假设 3b（包容型领导对下属动机依赖有正向影响）进行检验，采用分层线性回归方法来进行分析，以性别、年龄、受教育程度、工龄和与领导共事时间为控制变量，以包容型领导为自变量，以下属动机依赖为因变量。首先将五个控制变量（性别、年龄、受教育程度、工龄和与领导共事时间）纳入回归方程，其次纳入自变量包容型领导，分析结果如表 5-40 所示。

表 5-40　包容型领导对下属动机依赖的层级回归结果

项目	变量	阶层一		阶层二	
		β	t 值	β	t 值
控制变量	性别	−0.011	−0.234	−0.003	−0.056
	年龄	−0.044	−0.595	−0.042	−0.566
	受教育程度	0.083	1.656	0.093	1.865
	工龄	−0.109	−1.509	−0.106	−1.481
	与领导共事时间	−0.016	−0.321	−0.016	−0.311

续表

项目	变量	阶层一		阶层二	
		β	t 值	β	t 值
自变量	包容型领导	—	—	−0.123	−2.702**
回归模型摘要	F 值	3.705**		4.346***	
	R²	0.039		0.054	
	ΔF 值	3.705**		7.298**	
	ΔR²	0.039		0.015	

注：①因变量：下属动机依赖。②* 表示 p < 0.05；** 表示 p < 0.01；*** 表示 p < 0.001。

如表 5-40 所示，在阶层一回归模型中，五个控制变量对因变量的解释变异为 3.9%，此解释力达到了统计上的显著水平（ΔF = 3.705，p < 0.01），说明控制变量对因变量有显著的预测作用。在阶层二回归模型中加入了自变量包容型领导，则控制变量和自变量共可以解释因变量 5.4% 的变异量，排除控制变量的影响，包容型领导对因变量下属动机依赖的解释力为 1.5%，此解释力达到了统计上的显著水平（ΔF = 7.298，p < 0.01），其标准化回归系数 β 值达到显著水平（β = −0.123，p < 0.05）。因为 β 为负数，表明包容型领导对下属认知依赖具有负向影响，这与本书的假设恰恰相反。因此，假设 3b 没有得到验证。

六、团队心理安全感对员工创造力的回归分析

该回归分析的目的是对假设 4 进行检验。假设 4：团队心理安全感对员工创造力有正向影响。本书采用分层线性回归方法来进行分析，以性别、年龄、受教育程度、工龄和与领导共事时间为控制变量，以团队心理安全感为自变量，以员工创造力为因变量。首先将五个控制变量（性别、年龄、受教育程度、工龄和与领导共事时间）纳入回归方程，其次纳入自变量团队心理安全感，分析结果如表 5-41 所示。

表5-41　团队心理安全感对员工创造力的层级回归结果

项目	变量	阶层一		阶层二	
		β	t 值	β	t 值
控制变量	性别	-0.149	-3.281**	-0.131	-2.987**
	年龄	-0.089	-1.208	-0.064	-0.894
	受教育程度	0.005	0.097	0.006	0.131
	工龄	0.254	3.577***	0.284	4.117***
	与领导共事时间	0.025	0.491	0.021	0.430
自变量	团队心理安全感	—	—	0.256	5.746***
回归模型摘要	F 值	6.108***		10.946***	
	R^2	0.062		0.125	
	ΔF 值	6.108***		33.021***	
	ΔR^2	0.062		0.063	

注：①因变量：员工创造力。②* 表示 $p < 0.05$；** 表示 $p < 0.01$；*** 表示 $p < 0.001$。

如表5-41所示，在阶层一回归模型中，五个控制变量对因变量的解释变异为6.2%，此解释力达到统计上的显著水平（$\Delta F = 6.108$，$p < 0.001$），说明控制变量对因变量有显著的预测作用。在阶层二回归模型中加入了自变量团队心理安全感，则控制变量和自变量可以解释因变量12.5%的变异量，排除控制变量的影响，团队心理安全感对因变量员工创造力的解释力为6.3%，此解释力也达到统计上的显著水平（$\Delta F = 33.021$，$p < 0.001$），其标准化回归系数 β 值达到显著水平（$\beta = 0.256$，$p < 0.05$）。因为 β 为正数，表明团队心理安全感对员工创造力具有正向影响。因此，假设4得到验证。

七、下属依赖对下属创造力的回归分析

该回归分析的目的是对假设5及其子假设进行检验。假设5：下属依赖对下属创造力有反向影响。5a：下属认知依赖对下属创造力有反向影响。5b：下属动机依赖对下属创造力有反向影响。

对假设 5（下属依赖对下属创造力有反向影响）进行检验，采用分层线性回归方法来进行分析，以性别、年龄、受教育程度、工龄和与领导共事时间为控制变量，以下属依赖为自变量，以下属创造力为因变量。首先将五个控制变量（性别、年龄、受教育程度、工龄和与领导共事时间）纳入回归方程，其次纳入自变量下属依赖，分析结果如表 5-42 所示。

表 5-42　下属依赖对下属创造力的层级回归结果

项目	变量	阶层一		阶层二	
		β	t 值	β	t 值
控制变量	性别	−0.149	−3.281**	−0.147	−3.322**
	年龄	−0.089	−1.208	−0.096	−1.338
	受教育程度	0.005	0.097	0.016	0.339
	工龄	0.254	3.577***	0.229	3.303**
	与领导共事时间	0.025	0.491	0.024	0.492
自变量	下属依赖	—	—	−0.229	−5.159***
回归模型摘要	F 值	6.108***		9.808***	
	R^2	0.062		0.113	
	ΔF 值	6.108***		26.616***	
	ΔR^2	0.062		0.051	

注：①因变量：下属创造力。②* 表示 $p < 0.05$；** 表示 $p < 0.01$；*** 表示 $p < 0.001$。

如表 5-42 所示，在阶层一回归模型中，五个控制变量对因变量的解释变异为 6.2%，此解释力达到统计上的显著水平（$\Delta F = 6.108$，$p < 0.001$），说明控制变量对因变量有显著的预测作用。在阶层二回归模型中加入了自变量下属依赖，则控制变量和自变量共可以解释因变量 11.3% 的变异量，排除控制变量的影响，下属依赖对因变量下属创造力的解释力为 5.1%，此解释力也达到统计上的显著水平（$\Delta F = 26.616$，$p < 0.001$），其标准化回归系数 β 值达到显著水平（$\beta = -0.229$，$p < 0.05$）。因为 β 为负数，表明下属依赖对下属创造力具有负向影响。因此，假设 5 得到验证。

对子假设 5a（下属认知依赖对下属创造力有反向影响）进行检验，采用分层线性回归方法来进行分析，以性别、年龄、受教育程度、工龄和与领导共事时间为控制变量，以下属认知依赖为自变量，以下属创造力为因变量。首先将五个控制变量（性别、年龄、受教育程度、工龄和与领导共事时间）纳入回归方程，其次纳入自变量下属认知依赖，分析结果如表 5-43 所示。

表 5-43　下属认知依赖对下属创造力的层级回归结果

项目	变量	阶层一		阶层二	
		β	t 值	β	t 值
控制变量	性别	-0.149	-3.281**	-0.144	-3.222**
	年龄	-0.089	-1.208	-0.090	-1.235
	受教育程度	0.005	0.097	0.005	0.096
	工龄	0.254	3.577***	0.242	3.446**
	与领导共事时间	0.025	0.491	0.027	0.538
自变量	下属认知依赖	—	—	-0.157	-3.509***
回归模型摘要	F 值	6.108***		7.267***	
	R²	0.062		0.086	
	ΔF 值	6.108***		12.316***	
	ΔR²	0.062		0.024	

注：①因变量：下属创造力。②* 表示 $p < 0.05$；** 表示 $p < 0.01$；*** 表示 $p < 0.001$。

　　如表 5-43 所示，在阶层一回归模型中，五个控制变量对变量的解释变异为 6.2%，此解释力达到统计上的显著水平（$\Delta F = 6.108$，$p < 0.001$），说明控制变量对因变量有显著的预测作用。在阶层二回归模型中加入了自变量下属认知依赖，则控制变量和自变量可以解释因变量 8.6% 的变异量，排除控制变量的影响，下属认知依赖对因变量下属创造力的解释力为 2.4%，此解释力也达到统计上的显著水平（$\Delta F = 12.316$，$p < 0.001$），其标准化回归系数 β 值达到显著水平（$\beta = -0.157$，$p < 0.05$）。因为 β 为负数，表明下属认知依赖对下属创造力具有负向影响。因此，假设 5a 得到验证。

对子假设 5b（下属动机依赖对下属创造力有反向影响）进行检验，采用分层线性回归方法来进行分析，以性别、年龄、受教育程度、工龄和与领导共事时间为控制变量，以下属动机依赖为自变量，以下属创造力为因变量。首先将五个控制变量（性别、年龄、受教育程度、工龄和与领导共事时间）纳入回归方程，其次纳入自变量下属动机依赖，分析结果如表 5-44 所示。

表 5-44　下属动机依赖对下属创造力的层级回归结果

项目	变量	阶层一		阶层二	
		β	t 值	β	t 值
控制变量	性别	−0.149	−3.281**	−0.151	−3.425**
	年龄	−0.089	−1.208	−0.099	−1.382
	受教育程度	0.005	0.097	0.024	0.494
	工龄	0.254	3.577***	0.229	3.305**
	与领导共事时间	0.025	0.491	0.021	0.428
自变量	下属动机依赖	—	—	−0.230	−5.130***
回归模型摘要	F 值	6.108***		9.755***	
	R^2	0.062		0.113	
	ΔF 值	6.108***		26.319***	
	ΔR^2	0.062		0.051	

注：①因变量：下属创造力。②* 表示 $p < 0.05$；** 表示 $p < 0.01$；*** 表示 $p < 0.001$。

如表 5-44 所示，在阶层一回归模型中，五个控制变量对因变量的解释变异为 6.2%，此解释力达到统计上的显著水平（$\Delta F = 6.108$，$p < 0.001$），说明控制变量对因变量有显著的预测作用。在阶层二回归模型中加入了自变量下属动机依赖，则控制变量和自变量可以解释因变量 11.3% 的变异量，排除控制变量的影响，下属动机依赖对因变量下属创造力的解释力为 5.1%，此解释力也达到统计上的显著水平（$\Delta F = 26.319$，$p < 0.001$），其标准化回归系数 β 值达到显著水平（$\beta = -0.230$，$p < 0.05$）。因为 β 为负数，表明下属动机依赖对下属创造力具有负向影响。因此，假设 5b 得到验证。

第五节　多重中介效应检验

一、多重中介效应及其检验方法

如果自变量 X 通过变量 M 来影响因变量 Y，就称 M 为中介变量（温忠麟等，2005），中介变量发挥的作用就是中介效应。根据中介效应的数量及其作用方式，中介效应可以划分为简单中介效应（Simple Mediation）和多重中介效应（Multiple Mediation）两大类。多重中介效应是指同时关注多个中介变量在自变量与因变量之间的传导作用。常见的多重中介效应有并列多重中介、链式多重中介和复合式多重中介（柳士顺等，2009）。并列多重中介是指多个中介变量在自变量和因变量之间同时起作用的一种多重中介方式。本书同时关注团队心理安全感和下属依赖在包容型领导和下属创造力之间的中介作用，所以属于并列多重中介。

近年来，在人文社科领域的国际顶级学术期刊上发表的论文多数使用 Bootstrap 方法进行中介效应检验。鉴于以前中介效应检验方法的种种弊端，Zhao 等（2010）提出了一套更加合理有效的中介效应检验程序（见图 5-6），并推荐按照 Preacher 和 Hayes（2004）提出的 Bootstrap 法来检验中介效应。

Preacher 和 Hayes（2008）进一步提出可以使用 Bootstrap 法来检验并列多重中介效应，并指出该方法有三大优势：第一，可以检验所有的并列中介变量共同发挥的中介作用大小；第二，可以检验并列中介变量中每个变量发挥的中介作用大小；第三，可以对不同中介路径的作用大小进行比较分析（陈瑞等，2014）。因此，本书参照 Preacher 和 Hayes（2008）提出的并列中介变量检验方法，在 SPSS21.0 软件中进行 Bootstrap 中介变

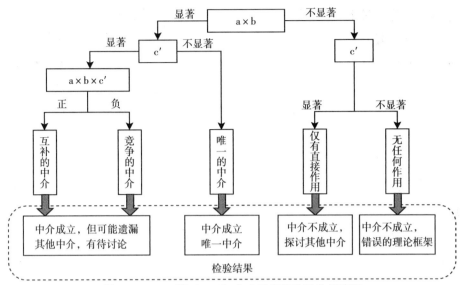

图 5–6 Zhao 等（2010）中介效应检验及分析流程

资料来源：陈瑞、郑毓煌、刘文静：《中介效应分析：原理、程序、Bootstrap 方法及其应用》，《营销科学学报》2014 年第 9 卷第 4 期，第 123 页。

量检验。[①]

二、多重中介效应的检验

本多重中介效应检验的目的是对以下假设进行验证：

假设 6：团队心理安全感在包容型领导和下属创造力之间起中介作用；包容型领导通过团队心理安全感间接正向影响下属创造力。

假设 7：下属依赖在包容型领导和下属创造力之间起中介作用；包容型领导通过下属依赖间接反向影响下属创造力。其子假设包括：

假设 7a：下属认知依赖在包容型领导和下属创造力之间起中介作用；包容型领导通过下属认知依赖间接反向影响下属创造力。

假设 7b：下属动机依赖在包容型领导和下属创造力之间起中介作用：

---

① Preacher 和 Hayes 及其合作者设计了可以在 SPSS 软件中运行的 Bootstrap 插件。

包容型领导通过下属动机依赖间接反向影响下属创造力。

从以上假设来看，本书的并列多重中介效应有两种组合。组合1：下属依赖整体构念与团队心理安全感组成的并列多重中介效应，这时共有2个中介变量。组合2：下属依赖的两个维度与团队心理安全感组成的并列多重中介效应，这时共有3个中介变量，即下属认知依赖、下属动机依赖和团队心理安全感。

本书分别对组合1和组合2进行了检验，具体操作是：按照Zhao等（2010）提出的中介分析程序（见图5-6），参照Preacher和Hayes（2008）提出的多个并列的中介变量检验方法，在SPSS21.0软件中进行Bootstrap中介变量检验，样本量设定为5000，置信区间的置信度设定为95%，Bootstrap取样方法选择偏差校正的非参数百分位法。如果中介检验结果显示偏差纠正的置信区间的确没有包含0，说明该中介效应显著。

组合1的检验结果表明：两个中介变量共同发挥的中介作用显著（0.0235，0.1144），团队心理安全感的中介作用显著（0.0262，0.1064），但是下属依赖的中介作用不显著（−0.0183，0.0261）。组合2的检验结果表明：三个中介变量共同发挥的中介作用显著（0.0265，0.1254）；团队心理安全感的中介作用显著（0.0288，0.1090）；下属认知依赖的中介作用显著（−0.0320，−0.0008）；下属动机依赖的中介作用显著（0.0028，0.0450）。

为了更加深入地探析包容型领导与下属创造力之间的中介路径以及路径之间的关系，本书对组合2进行了进一步分析。下属认知依赖、下属动机依赖和团队心理安全感三个中介变量的并列多重中介效应检验结果如表5-45所示。

表5-45　多重中介效应检验结果（一）

中介变量	置信区间		中介效应值（Data）
	低值	高值	
总体	0.0265	0.1254	0.0716
团队心理安全感	0.0288	0.1090	0.0655
下属认知依赖	−0.0320	−0.0008	−0.0114

续表

中介变量		置信区间		中介效应值（Data）
		低值	高值	
下属动机依赖		0.0028	0.0450	0.0176
中介效应两两比较	C1	0.0378	0.1214	0.0769
	C2	0.0000	0.0934	0.0479
	C3	−0.0531	−0.0123	−0.0290

注：C1：团队心理安全感 vs.下属认知依赖。C2：团队心理安全感 vs.下属动机依赖。C3：下属认知依赖 vs.下属动机依赖。

如表 5-45 所示，三个中介变量共同发挥的中介作用显著（0.0265，0.1254），作用大小为 0.0716。在三个中介路径中，团队心理安全感的中介作用显著（0.0288，0.1090），作用大小为 0.0655；下属认知依赖的中介作用显著（−0.0320，−0.0008），作用大小为−0.0114；下属动机依赖的中介作用显著（0.0028，0.0450），作用大小为 0.0176。

本书对三个中介路径作用的大小进行了对比，以便更准确地区分各个中介路径的相对大小，数据结果显示：C1 的中介效应值为 0.0769，置信区间为（0.0378，0.1214），说明团队心理安全感的中介作用显著高于下属认知依赖；C2 的中介效应值为 0.0479，置信区间为（0.0000，0.0934），说明团队心理安全感的中介作用显著高于下属动机依赖；C3 的中介效应值为−0.0290，置信区间为（−0.0531，−0.0123），说明下属认知依赖的中介作用显著低于下属动机依赖。

三个中介变量各影响路径的分析结果如表 5-46 所示，可见各个系数都达到了显著水平。

表 5-46　多重中介效应检验结果（二）

影响路径（path）	变量	系数	S.E.	t	p
自变量→中介变量（a）	团队心理安全感（TPS）	0.3644***	0.0388	9.3927	0.0000
	下属认知依赖（FD1）	0.1305*	0.0564	2.3146	0.0211
	下属动机依赖（FD2）	−0.1611**	0.0596	−2.7015	0.0072

影响路径（path）	变量	系数	S.E.	t	p
中介变量→因变量（b）	团队心理安全感（TPS）	0.1797***	0.0519	3.4652	0.0006
	下属认知依赖（FD1）	−0.0877*	0.0399	−2.1977	0.0285
	下属动机依赖（FD2）	−0.1092**	0.0376	−2.9015	0.0039
自变量→因变量（c′）	自变量：包容型领导	0.1685***	0.0479	3.5155	0.0005
总效应（c）	自变量：包容型领导	0.2401***	0.0446	5.3837	0.0000
控制变量	性别	−0.1826***	0.0529	−3.4489	0.0006
	年龄	−0.0416	0.0346	−1.2027	0.2297
	受教育程度	0.0032	0.0399	0.0796	0.9366
	工龄	0.1193***	0.0324	3.6802	0.0003
	与领导共事时间	0.0087	0.0200	0.4348	0.6639

注：* 表示 $p < 0.05$；** 表示 $p < 0.01$；*** 表示 $p < 0.001$。

汇总以上检验结果可知：

团队心理安全感的中介作用显著（0.0288，0.1090），而且中介效应值为正数（0.0655），说明包容型领导通过团队心理安全感间接正向影响下属创造力。因此，假设6得到验证。

下属依赖的中介作用不显著（−0.0183，0.0261）。因此，假设7没有得到验证。

下属认知依赖的中介效应显著（−0.0320，−0.0008），而且中介效应值为负数（−0.0114），说明包容型领导通过下属认知依赖间接反向影响下属创造力。因此，假设7a得到验证。

下属动机依赖的中介效应显著（0.0028，0.0450），而且中介效应值为正数（0.0176），说明包容型领导通过下属动机依赖间接正向影响下属创造力。这与本书的研究假设恰恰相反，因此，假设7b没有得到验证。

另外，由表5-46可知，五个控制变量中，只有性别和工龄对下属创造力有显著影响，影响系数分别是−0.1826（$p < 0.001$）和0.1193（$p < 0.001$）。

第六节 调节效应检验

一、权力距离对包容型领导与团队心理安全感关系的调节效应检验

如果变量 Y 与变量 X 的关系是变量 M 的函数，也就是说，变量 Y 与变量 X 之间关系的大小或者方向要受到第三个变量 M 的影响，就称 M 为调节变量（温忠麟等，2005）。调节变量的主要作用就是为现有的理论划出适用范围和给出限制条件（罗胜强等，2007）。调节作用可以用交互模型来表示：

$$Y = \beta_0 + \beta_1 X + \beta_2 M + \beta_3 XM \tag{5-1}$$

式（5-1）中 β_3 反映调节作用的有无、大小及方向。当 $\beta_3 > 0$ 时，说明 M 对 X 和 Y 的关系有正向调节作用；当 $\beta_3 < 0$ 时，说明 M 对 X 和 Y 的关系有负向调节作用；当 $\beta_3 = 0$ 时，说明 M 对 X 和 Y 的关系没有调节作用。

多元调节回归分析（Moderated Multiple Regression，MMR）是最常用的检验调节作用的方法。从数学分析的角度讲，调节变量与自变量之间的交互作用往往超出各自对因变量影响之和，通过构造乘积项来表示超出的这部分影响。MMR 法就是将自变量、因变量和乘积项都放到多元层级回归方程中来检验交互作用，如果乘积项的系数（β_3）显著，就可以证明调节作用存在了。为了减小回归方程中变量之间的多重共线性问题，在构建乘积项之前需要先将自变量和调节变量进行中心化或者标准化处理，然后再将处理后的自变量和调节变量相乘。因为 SPSS21.0 软件中有标准化处理程序，所以本书选择标准化处理方式。

为了检验假设 8（权力距离负向调节包容型领导与团队心理安全感之

间的关系：权力距离越高，包容型领导对团队心理安全感的影响越弱；权力距离越低，包容型领导对团队心理安全感的影响越强），本书采用分层线性回归方法来进行分析，以性别、年龄、受教育程度、工龄和与领导共事时间为控制变量，以包容型领导为自变量，以团队心理安全感为因变量，以权力距离为调节变量。首先将五个控制变量纳入回归方程，其次纳入自变量和调节变量（标准化之前），最后纳入自变量和调节变量（标准化之后）的交互项，分析结果如表 5–47 所示。

表 5–47　权力距离对包容型领导与团队心理安全感关系的调节效应检验

项目	变量	阶层一		阶层二		阶层三	
		β	t 值	β	t 值	β	t 值
控制变量	性别	−0.068	−1.491	−0.093	−2.196*	−0.094	−2.230*
	年龄	−0.098	−1.323	−0.099	−1.434	−0.106	−1.543
	受教育程度	−0.006	−0.114	−0.040	−0.876	−0.041	−0.898
	工龄	−0.115	−1.608	−0.122	−1.847	−0.119	−1.819
	与领导共事时间	0.015	0.293	0.012	0.261	0.013	0.275
自变量	包容型领导	—	—	0.390	9.233***	0.381	9.029***
调节变量	权力距离	—	—	−0.043	−0.990	−0.039	−0.911
交互项	包容型领导 × 权力距离	—	—	—	—	−0.091	−2.176*
回归模型摘要	F 值	4.124**		16.244***		14.921***	
	R^2	0.043		0.198		0.206	
	ΔF 值	4.124**		44.600***		4.735*	
	$ΔR^2$	0.043		0.155		0.008	

注：①因变量：团队心理安全感。②* 表示 $p < 0.05$；** 表示 $p < 0.01$；*** 表示 $p < 0.001$。

　　如表 5-47 所示，在阶层一和阶层二回归模型中，五个控制变量、自变量和调节变量对因变量的解释变异总共为 19.8%。在阶层三回归模型中加入了自变量和调节变量的交互项（包容型领导 × 权力距离），则可以解释因变量 20.6%的变异量，排除控制变量、自变量和调节变量的影响，交互项对因变量团队心理安全感的解释力为 0.8%，此解释力达到统计上的显著水平（ΔF = 4.735，p < 0.05），说明调节作用显著。交互项的标准化回归系数 β 值达到显著水平（β = –0.091，p < 0.05），由于 β 为负数，表明权力距离负向调节包容型领导与团队心理安全感之间的关系。因此，假设 8 得到验证。

二、权力距离对中介作用的调节效应检验

1. 被调节的中介及其检验方法

近年来，研究组织的学者开始关注中介和调节作用同时构成的组合形式，并提出了被中介的调节（Mediated Moderation）效应和被调节的中介（Moderated Mediation）效应。本书涉及被调节的中介效应（假设 9）。

当中介作用（中介变量在自变量和因变量之间的连接过程）受到调节变量的影响时，就出现了被调节的中介作用（Edwards and Lambert，2007）。中介作用的发生分为两阶段，第一阶段是从自变量到中介变量（a 路径），第二阶段是从中介变量到因变量（b 路径）。因此，被调节的中介效应就分为三种情况：第一，只调节第一阶段的中介作用，这被称为第一阶段被调节的中介作用（First-stage Moderated Mediation）；第二，只调节第二阶段的中介作用，这被称为第二阶段被调节的中介作用（Second-stage Moderated Mediation）；第三，同时调节第一阶段和第二阶段的中介作用，这被称为两阶段被调节的中介作用（Dual-stage Moderated Mediation）。[①]

温忠麟、叶宝娟（2014）在 Edwards 和 Lambert（2007）的基础上，对被调节的中介作用进行了更为详细的分类和划分，并给出了各自的检验方法。他们提出，各种被调节的中介作用的类型均属于图 5-7 模型中的一部分或者全部。

根据图 5-7 中自变量（X）、因变量（Y）、中介变量（W）和调节变

---

① 陈晓萍、徐淑英、樊景立：《组织与管理研究的实证方法（第二版）》，北京大学出版社 2012 年版，第 559–562 页。

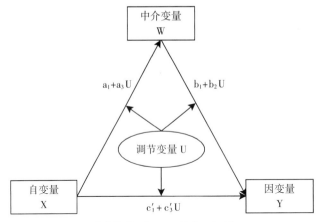

中介效应：$(a_1 + a_3 U)(b_1 + b_2 U)$

图 5-7 调节了中介过程前后路径

资料来源：温忠麟、叶宝娟：《有调节的中介模型检验方法：竞争还是替补？》，《心理学报》2014 年第 46 卷第 5 期，第 715 页。

量（U）的关系可以建立如下回归方程：

$$Y = c_0 + c_1 X + c_2 U + c_3 UX + e_1 \tag{5-2}$$

$$W = a_0 + a_1 X + a_2 U + a_3 UX + e_2 \tag{5-3}$$

$$Y = c_0' + c_1' X + c_2' U + b_1 W + b_2 UW + e_3 \tag{5-4}$$

回归方程（5-2）表达的是调节变量（U）对直接效应的调节，如果 c_3 显著，则说明对直接效应的调节效应存在。回归方程（5-3）表达的是调节变量（U）对中介过程前半路径的调节，从该回归方程不难推导出 X 对 W 的效应是 $a_1 + a_3 U$。回归方程（5-4）表达的是调节变量（U）对中介过程前后路径的调节，从该回归方程不难推导出 W 对 Y 的效应是 $b_1 + b_2 U$。因此，X 经过 W 对 Y 的中介效应为 $(a_1 + a_3 U)(b_1 + b_2 U)$。

将方程（5-3）中的 W 代入方程（5-4）可以得到如下回归方程：

$$Y = c_0' + c_1' X + c_2' U + c_3' UX + b_1 W + b_2 UW + e_4 \tag{5-5}$$

方程（5-5）表达的是 Y 对 X、U、XU、W 和 UW 的回归，从该方程不难看出 X 经过 W 对 Y 的中介效应还是 $(a_1 + a_3 U)(b_1 + b_2 U)$。

将 $(a_1 + a_3 U)(b_1 + b_2 U)$ 展开，则中介效应还可以表示为：

$$(a_1 + a_3 U)(b_1 + b_2 U) = a_1 b_1 + (a_1 b_2 + a_3 b_1) U + a_3 b_2 U^2 \tag{5-6}$$

由式（5-6）可知，中介效应是否受到调节变量（U）的影响，关键看 U 和 U^2 的系数，如果两者的系数均为 0，那么中介变量就不会受到调节变量的影响，否则就存在被调节的中介效应。不难看出，在 a_1 和 b_2、a_3 和 b_1、a_3 和 b_2 这三组系数当中，只要有一组都不为 0，就能证明被调节的中介效应存在。

本书的假设 9 属于第一阶段被调节的中介作用。温忠麟、叶宝娟（2014）指出，调节了中介过程前半路径（即第一阶段被调节的中介作用）的模型如图 5-8 所示。

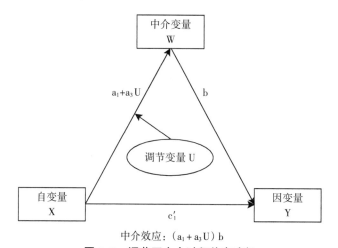

中介效应：$(a_1 + a_3 U) b$

图 5-8 调节了中介过程前半路径

资料来源：温忠麟、叶宝娟：《有调节的中介模型检验方法：竞争还是替补？》，《心理学报》2014 年第 46 卷第 5 期，第 715 页。

温忠麟、叶宝娟（2014）指出，调节了中介过程前半路径的检验步骤如下：[①]

首先，对回归方程（5-2）和回归方程（5-3）进行检验：

$$Y = c_0 + c_1 X + c_2 U + c_3 UX + e_1 \qquad (5-2)$$

$$W = a_0 + a_1 X + a_2 U + a_3 UX + e_2 \qquad (5-3)$$

---

① 对中介过程前半路径的调节检验步骤由笔者根据温忠麟和叶宝娟（2014）的研究整理。

其次，根据 c_3 是否显著选择下一步：如果 c_3 显著，则对回归方程 (5-7) 进行检验；如果 c_3 不显著，则对回归方程 (5-8) 进行检验。

$$Y = c_0' + c_1'X + c_2'U + b_1W + e_3 \qquad (5-7)$$

$$Y = c_0' + c_1'X + c_2'U + c_3'UX + b_1W + e_4 \qquad (5-8)$$

不难看出，方程 (5-7) 和方程 (5-8) 是在方程 (5-4) 和方程 (5-5) 中去掉 UW 交互项而得到的。这是因为只调节了中介过程前半路径的模型中，前半路径的交互项 UW 系数 b_2 为 0。

最后，根据以上回归结果，判断在 a_1 和 b_2、a_3 和 b_1、a_3 和 b_2 这三组系数当中是否至少有一组两个系数都显著（即不为 0），如果有，被调节的中介效应就得到了验证。

2. 对假设 9 的检验

按照以上步骤，本书对假设 9（权力距离负向调节团队心理安全感在包容型领导与下属创造力之间的中介作用：权力距离越高，团队心理安全感在包容型领导和下属创造力之间的中介作用越小；权力距离越低，团队心理安全感在包容型领导和下属创造力之间的中介作用越大）进行检验。共分为以下四步进行：

（1）检验权力距离是否调节包容型领导与下属创造力的关系（方程 (5-2)）。

本书首先对回归方程 (5-2) 进行检验，即：检验权力距离（PD）是否调节包容型领导（IL）与下属创造力（FC）的关系。构建的回归方程为：

$$FC = c_0 + c_1IL + c_2PD + c_3IL \times PD + e_1 \qquad (5-9)$$

采用分层线性回归方法来进行分析，以性别、年龄、受教育程度、工龄和与领导共事时间为控制变量，以包容型领导为自变量，以下属创造力为因变量，以权力距离为调节变量。首先将五个控制变量纳入回归方程，其次纳入自变量和调节变量（标准化之前），最后纳入自变量和调节变量（标准化之后）的交互项，分析结果如表 5-48 所示。

如表 5-48 所示，在阶层一和阶层二回归模型中，五个控制变量、自变量和调节变量对因变量的解释变异总共为 11.8%。在阶层三回归模型中

表 5-48　权力距离对包容型领导与下属创造力关系的调节效应检验

项目	变量	阶层一		阶层二		阶层三	
		β	t 值	β	t 值	β	t 值
控制变量	性别	−0.149	−3.281**	−0.166	−3.758***	−0.166	−3.761***
	年龄	−0.089	−1.208	−0.100	−1.382	−0.102	−1.407
	受教育程度	0.005	0.097	−0.013	−0.269	−0.013	−0.273
	工龄	0.254	3.577***	0.247	3.577***	0.248	3.583***
	与领导共事时间	0.025	0.491	0.024	0.489	0.024	0.492
自变量	包容型领导	—	—	0.240	5.427***	0.238	5.348***
调节变量	权力距离	—	—	0.033	0.724	0.034	0.744
交互项	包容型领导×权力距离	—	—	—	—	−0.025	−0.560
回归模型摘要	F 值	6.108***		8.833***		7.757***	
	R^2	0.062		0.118		0.119	
	ΔF 值	6.108***		14.739***		0.313	
	ΔR^2	0.062		0.056		0.001	

注：①因变量：下属创造力。②* 表示 $p < 0.05$；** 表示 $p < 0.01$；*** 表示 $p < 0.001$。

加入了自变量和调节变量的交互项（包容型领导 × 权力距离），则可以解释因变量 11.9% 的变异量，排除控制变量、自变量和调节变量的影响，交互项对因变量团队心理安全感的解释力为 0.1%，此解释力没有达到统计上的显著水平（$\Delta F = 0.313$，$p > 0.05$），说明调节作用不显著。交互项的标准化回归系数（c_3）也未达到显著水平（$p > 0.05$）。表明权力距离对包容型领导与下属创造力的关系没有调节作用。

（2）检验权力距离是否对包容型领导与团队心理安全感的关系有调节作用（方程（5-3））。

本书首先对回归方程（5-3）进行检验，即检验权力距离（PD）是否对包容型领导（IL）与团队心理安全感（TPS）的关系有调节作用。构建的回归方程为：

$$TPS = a_0 + a_1 IL + a_2 PD + a_3 IL \times PD + e_2 \tag{5-10}$$

该回归在上文已经进行检验，检验结果如表 5-47 所示。回归结果表明，权力距离对包容型领导与团队心理安全感的关系有调节作用。包容型领导、权力距离和交互项的标准化系数分别为：0.381***、-0.039 和 -0.091*，其中包容型领导（$\beta = 0.381$，$p < 0.05$）和交互项（$\beta = -0.091$，$p < 0.05$）的影响显著，权力距离的影响不显著。可见回归方程中，$a_1 = 0.381$，$a_3 = -0.091$。

（3）检验包容型领导、权力距离、前两者的交互项及团队心理安全感对下属创造力的影响（方程（5-8））。

第一步检验结果已经表明 c_3 不显著，则下一步需要对回归方程（5-8）进行检验，即检验包容型领导（IL）、权力距离（PD）、包容型领导与权力距离的交互项（IL × PD）、团队心理安全感（TPS）共同对下属创造力（FC）的影响，构建的方程如下：

$$FC = c_0' + c_1'IL + c_2'PD + c_3'IL \times PD + b_1TPS + e_4 \tag{5-11}$$

采用分层线性回归方法来进行分析，以性别、年龄、受教育程度、工龄和与领导共事时间为控制变量，以包容型领导、权力距离、前两者的交互项及团队心理安全感为自变量，以下属创造力为因变量。首先将五个控制变量纳入回归方程，其次纳入包容型领导、权力距离及两者的交互项，最后纳入团队心理安全感，分析结果如表 5-49 所示。

表 5-49　包容型领导和权力距离及交互项、团队心理安全感对下属创造力的影响检验

项目	变量	阶层一		阶层二		阶层三	
		β	t 值	β	t 值	β	t 值
控制变量	性别	-0.149	-3.281**	-0.166	-3.761***	-0.149	-3.391**
	年龄	-0.089	-1.208	-0.102	-1.407	-0.081	-1.142
	受教育程度	0.005	0.097	-0.013	-0.273	-0.005	-0.112
	工龄	0.254	3.577***	0.248	3.583***	0.271	3.960***
	与领导共事时间	0.025	0.491	0.024	0.492	0.021	0.449

项目	变量	阶层一		阶层二		阶层三	
		β	t 值	β	t 值	β	t 值
自变量	包容型领导	—	—	0.238	5.348***	0.165	3.473**
	权力距离	—	—	0.034	0.744	0.041	0.923
	包容型领导×权力距离	—	—	−0.025	−0.560	−0.007	−0.167
	团队心理安全感	—	—	—	—	0.191	3.949***
回归模型摘要	F 值	6.108***		7.757***		8.847***	
	R^2	0.062		0.119		0.148	
	ΔF 值	6.108***		9.916***		15.591***	
	ΔR^2	0.062		0.057		0.029	

注：①因变量：下属创造力。②* 表示 $p < 0.05$；** 表示 $p < 0.01$；*** 表示 $p < 0.001$。

如表 5-49 所示，在阶层一和阶层二回归模型中，五个控制变量、包容型领导、权力距离及两者的交互项对因变量的解释变异总共为 11.9%。在阶层三回归模型中加入了自变量团队心理安全感，则可以解释因变量 14.8% 的变异量，排除包容型领导、权力距离、前两者的交互项和控制变量的影响，团队心理安全感对因变量下属创造力的解释力为 2.9%，此解释力达到了统计上的显著水平（ΔF = 15.591，$p < 0.001$），其中包容型领导的标准化回归系数（c_1'）达到显著水平（β = 0.165，$p < 0.05$），团队心理安全感的标准化回归系数（b_1）也达到显著水平（β = 0.191，$p < 0.05$），但权力距离的标准化回归系数（c_2'）未达到显著水平（β = 0.041，$p > 0.05$）。因此，$c_1' = 0.165$，$b_1 = 0.191$。

（4）判断是否存在被调节的中介效应。

前面的分析表明如下系数的值显著：$a_1 = 0.381$、$a_3 = -0.091$、$c_1' = 0.165$、$b_1 = 0.191$。判断标准是在 a_1 和 b_2、a_3 和 b_1、a_3 和 b_2 这三组系数当中只要有一组及以上的两个系数都显著（即不为 0），则说明存在被调节的中介效应。可见，a_3（−0.091）和 b_1（0.191）这一组两个系数都不为 0。因此，被调节的中介效应得到验证。

因为只调节中介效应的前半路径，因此 $b_1 = 0$。

将 $a_1 = 0.381$、$a_3 = -0.091$、$b_1 = 0.191$、$b_1 = 0$ 代入方程（5-6）可得：

$$\begin{aligned}
\text{中介效应 Me} &= (a_1 + a_3 U)(b_1 + b_2 U) \\
&= a_1 b_1 + (a_1 b_2 + a_3 b_1)U + a_3 b_2 U^2 \\
&= 0.381 \times 0.191 + (-0.091 \times 0.191)U \\
&= 0.073 - 0.017U
\end{aligned}$$

由于调节变量 U 的系数为负数（-0.017），说明权力距离负向调节团队心理安全感在包容型领导与下属创造力之间的中介作用。因此，假设 9 得到验证。

第七节　假设检验结果汇总及最终模型

通过对各个假设进行逐一检验，大部分假设都得到了验证，但也有假设没有得到验证。另外，研究还发现有两个关系与假设恰恰相反，这些都将在本书第六章进行讨论。所有假设检验结果汇总情况如表 5-50 所示。

表 5-50　假设检验结果汇总

假设	假设性质	检验结果
H1：包容型领导对下属创造力有正向影响	开拓性	完全支持
H2：包容型领导对团队心理安全感有正向影响	验证性	完全支持
H3：包容型领导对下属依赖有正向影响	开拓性	不支持
H3a：包容型领导对下属认知依赖有正向影响	开拓性	完全支持
H3b：包容型领导对下属动机依赖有正向影响	开拓性	部分支持 [a]
H4：团队心理安全感对员工创造力有正向影响	验证性	完全支持
H5：下属依赖对下属创造力有反向影响	验证性	完全支持
H5a：下属认知依赖对下属创造力有反向影响	开拓性	完全支持
H5b：下属动机依赖对下属创造力有反向影响	开拓性	完全支持
H6：团队心理安全感在包容型领导和下属创造力之间起中介作用：包容型领导通过团队心理安全感间接正向影响下属创造力	验证性	完全支持

续表

假设	假设性质	检验结果
H7：下属依赖在包容型领导和下属创造力之间起中介作用：包容型领导通过下属依赖间接反向影响下属创造力	开拓性	不支持
H7a：下属认知依赖在包容型领导和下属创造力之间起中介作用：包容型领导通过下属认知依赖间接反向影响下属创造力	开拓性	完全支持
H7b：下属动机依赖在包容型领导和下属创造力之间起中介作用：包容型领导通过下属动机依赖间接反向影响下属创造力	开拓性	部分支持[a]
H8：权力距离负向调节包容型领导与团队心理安全感之间的关系：权力距离越高，包容型领导对团队心理安全感的影响越弱；权力距离越低，包容型领导对团队心理安全感的影响越强	开拓性	完全支持
H9：权力距离负向调节团队心理安全感在包容型领导与下属创造力之间的中介作用（被调节的中介）：权力距离越高，团队心理安全感在包容型领导和下属创造力之间的中介作用越小；权力距离越低，团队心理安全感在包容型领导和下属创造力之间的中介作用越大	开拓性	完全支持

注：a 表示影响显著，但影响方向与假设相反。

除了以上假设检验外，本书还检验出性别和工龄两个控制变量对下属创造力有显著影响，影响系数分别是−0.1826 和 0.1193（见表 5−46）。

根据假设检验结果，对本书的概念模型进行修正，本书最终模型如图 5−9 所示。

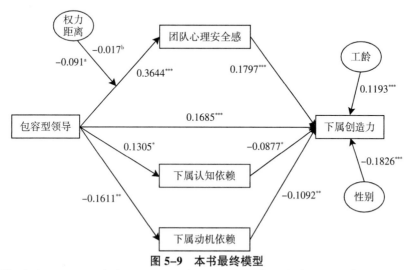

图 5−9　本书最终模型

注：①* 表示 $p < 0.05$；** 表示 $p < 0.01$；*** 表示 $p < 0.001$。②a 为权力距离对包容型领导与团队心理安全感之间关系的调节作用（显著）。③b 为权力距离对团队心理安全感在包容型领导与下属创造力之间的中介调节作用，即对中介效应的调节作用（显著）。

第六章　研究结论与展望

本书第五章通过数据分析检验了理论模型和研究假设。本章将根据检验结果得出研究结论，并进行讨论和展望。具体从三个部分进行阐述：第一节对研究结论进行总结和讨论；第二节阐述研究结论对管理实践的启示；第三节指出本书存在的局限和不足，并对未来的相关研究进行展望。

第一节　研究结论与讨论

本书以组织支持理论、领导力—创造力理论为理论基础提出了一个有调节的多重中介模型，探讨了包容型领导对下属创造力的作用机制，现将主要研究结论总结归纳并讨论如下：

一、包容型领导正向影响下属创造力

本书开拓性地证实了包容型领导风格对提高下属的创造力有促进作用。领导力—创造力理论（Tierney，2007）高度概括了领导力与下属创造力关系的研究框架，指出领导可以通过特质、行为和关系三大途径来影响员工的认知、动机和能力，从而促进员工的创造力。领导风格对下属创造力的影响属于该框架中的重要组成部分。大量的研究结果已经证实领导风格对下属创造力有显著影响，诸如变革型领导、魅力型领导和真实型领导

等对下属创造力的影响早已得到证实。本书根据包容型领导的开放性、有效性、易接近性等特点，在相关理论及研究成果的基础上提出了包容型领导对下属创造力有正向影响的假设。实证研究的结果显示，包容型领导对下属创造力的直接影响有 5.5% 的解释力，达到了统计上的显著水平（$\Delta F = 28.984$，$p < 0.05$），包容型领导对下属创造力的标准化回归系数 β 值也达到显著水平（$\beta = 0.237$，$p < 0.05$）。

数据结果表明，包容型领导能正向影响下属创造力的假设得到支持。该结论的理论意义在于：第一，在变革型领导、魅力型领导和真实型领导等领导风格之后，又证实了一种新型的领导风格——包容型领导风格能促进下属提高创造力，丰富了领导力—创造力框架下的研究内容。第二，发展了包容型领导理论，拓展了包容型领导与组织绩效的研究。以前关于包容型领导的研究主要关注了其对组织的任务绩效的影响，本书将包容型领导对组织的影响范围扩展到了创新绩效，丰富了包容型领导的后因变量研究。第三，拓展了创造力的影响因素研究。

二、团队心理安全感、下属认知依赖和下属动机依赖的多重中介作用显著

包容型领导对下属创造力的影响机制中，除了直接影响外，还应存在更加复杂的演变过程和传导机制。因此，本书对包容型领导与下属创造力之间的"黑箱"进行了探索。领导力—创造力理论（Tierney，2007）指出，从领导力到创造力的演变需要通过演变系统的传导。这个演变系统就是员工的认知、动机或能力，它为包容型领导和下属创造力之间提供了传导路径。任何事物都具有两面性，包容型领导风格也不例外，其对员工或组织的影响也有积极影响和消极影响两个方面。为了更全面地揭示包容型领导对员工创造力的作用机制，本书同时探索了包容型领导的积极影响和消极影响。因此，根据文献梳理，本书同时假设了团队心理安全感（员工认知）、下属认知依赖（员工认知）和下属动机依赖（员工动机）三个中

介来进一步探析包容型领导与下属创造力之间的关系。多重中介检验结果表明：三个中介变量共同发挥的中介作用显著（0.0265，0.1254），作用大小为0.0716；从单个中介路径来看，团队心理安全感（0.0288，0.1090）、下属认知依赖（−0.0320，−0.0008）和下属动机依赖（0.0028，0.0450）各自的中介作用都显著，作用大小分别为0.0655、−0.0114和0.0176。对三个中介路径作用大小的比较分析显示：团队心理安全感的中介作用显著高于下属认知依赖；团队心理安全感的中介作用显著高于下属动机依赖；下属认知依赖的中介作用显著低于下属动机依赖。

该结论的理论意义在于：第一，找到了打开包容型领导与下属创造力之间"黑箱"的钥匙，透析了两者之间的传导机制。第二，从积极影响和消极影响正反两方面探讨包容型领导的影响，响应了Beyer（1999）、Yukl（1999）、Eisenbeiß和Boerner（2013）等的呼吁。第三，多路径同时探讨包容型领导与下属依赖之间的中介作用，并对各中介路径进行了比较研究，更加有利于洞悉"黑箱"中的规律。第四，包容型领导通过三个中介作用于下属创造力的方式各不相同：团队心理安全感中介效应的前后两半路径均为正向影响，所以中介效应为正向影响（正正得正）；下属认知依赖中介效应的前半路径为正向影响，后半路径为负向影响，所以中介效应为负向影响（正负得负）；下属动机依赖中介效应的前后两半路径均为负向影响，所以中介效应为正向影响（负负得正）。这更全面地反映了包容型领导对下属创造力影响的传导机制。第五，按照Zhao等（2010）提出的中介分析程序，参照Preacher和Hayes（2008）提出的多重中介效应检验方法，实践了近些年推出的Bootstrap方法，并提炼了该新方法的具体操作步骤，为其他学者提供参考。

三、权力距离的调节作用显著

包容型领导对下属创造力的作用机制会受到其他情境的影响，在不同的情境下该作用机制的强度和方式均可能发生变化。将组织情境和文化脉络纳入组织行为学研究领域加以考虑已经被研究者公认（Rousseau and Fried，2001）。谢俊等（2012）指出，个人层次的权力距离往往用来作为领导行为与员工表现关系的调节变量。比如，Farh 等（2007）指出，员工的权力距离越高，组织支持认知对员工工作表现的正向影响就越弱。下属的高权力距离会减少创新行为（Nakata and Sivakumar，1996）、创造性观点（王垒等，2008）和建言行为（Botero and Van，2009；周建涛、廖建桥，2012）。高权力距离的下属认为领导拥有特权是天经地义的，在做决策时不需要征求下属的意见，不应该把重要事情授权给下属去做。他们还认为领导与下属间应该保持距离，不应多交换意见和有工作之外的交往（Dorfman and Howell，1988）。可见，高权力距离的下属认为领导就是至高无上的、不易接近的，领导的观点就是权威观点，不容置疑和反对。因此，高权力距离的下属会压抑自己的真实想法，戴着面具去迎合领导的观点和行为。可见，权力距离会影响包容型领导对下属创造力的作用机制。

从数据结果可知，排除了自变量、调节变量以及控制变量的影响后，包容型领导和权力距离的交互项对因变量团队心理安全感的解释力为 0.8%，此解释力达到统计上的显著水平（$\Delta F = 4.735$，$p < 0.05$），说明调节作用显著。交互项的标准化回归系数 β 值达到显著水平（$\beta = -0.091$，$p < 0.05$），由于 β 为负，表明权力距离负向调节包容型领导与团队心理安全感之间的关系。权力距离对中介效应的调节作用检验结果显示，调节变量对中介作用的回归方程中系数为负数（-0.017），说明权力距离负向调节团队心理安全感在包容型领导与下属创造力之间的中介作用。

该结论的理论意义在于：第一，为包容型领导对下属创造力的影响机制找到一个情境条件，从而可以更加准确地阐释自变量和因变量两者之间的关系；第二，构建了被调节的中介效应模型，实践了 Edwards 和 Lambert（2007）、温忠麟等（2014）提出的检验方法，总结出了只调节前半路径的被调节的中介作用的检验操作步骤，为其他学者提供参考。

四、下属依赖可分为下属认知依赖和下属动机依赖两个维度

Eisenbeiß 和 Boerner（2013）提出下属依赖包含认知成分和动机成分，并指出认知成分包括专业技术依赖和盲目崇拜两个因子，动机成分包括工作动机依赖、工作投入依赖和力求认可三个因子。为了进一步探索下属依赖的认知成分与动机成分的关系，本书将 Eisenbeiß 和 Boerner（2013）提出的"专业技术依赖"和"盲目崇拜"两个代表下属依赖认知成分的因子综合起来构成"下属认知依赖"维度，将"工作动机依赖""工作投入依赖""力求认可"三个代表下属依赖动机成分的因子综合起来构成"下属动机依赖"维度，提出了下属依赖包含下属认知依赖和下属动机依赖两个维度的观点。并且，本书还分别给两个维度下了定义：下属认知依赖（Followers' Cognitive Dependency）是指员工在感觉、知觉、记忆、想象、思维等信息加工活动中对领导的依赖；下属动机依赖（Followers' Motivational Dependency）是指员工为实现组织目标而付出努力的愿望对领导的依赖。

为了对两个维度分别进行测量，本书也将 Eisenbeiß 和 Boerner（2013）开发的量表做了相应调整，即把原量表中"专业技术依赖"和"盲目崇拜"的题项合起来作为测量"下属认知依赖"的题项（共计 7 条），将原量表中"工作动机依赖""工作投入依赖""力求认可"的题项合起来作为测量"下属动机依赖"的题项（共计 6 条）。通过小样本检验，删除了 CITC 小于 0.3 的 5 个题项，最终形成了由八个题项组成的下属依赖量表，Cronbach's α 值为 0.837，其中：下属认知依赖维度有四个题项，Cronbach's α 值为 0.797；下属动机依赖维度也有四个题项，Cronbach's α 值为 0.808。可见调整后的量表均有较好的信度。本书进一步做了共同因子分析，结果显示：调整后的下属依赖量表各题项抽取主成分后的共同性都在 0.49 以上；各题项在某一共同因子上的负荷量均大于或等于 0.689，

而且在其他共同因子上都小于 0.40（说明没有横跨因子现象）；共提取了两个共同因子，旋转后因子负荷量的结果表明因子结构与设想的一致；两个共同因子累计解释了总方差的 63.957%，说明该量表有较高的构念效度。进行大样本数据评估时，本书对该量表进行了验证性因子分析。分析结果显示：该下属依赖量表的验证性因子分析拟合效果较好，各类指标均达到评价标准的要求（$\chi^2/df = 4.751$，GFI = 0.943，AGFI = 0.893，RMSEA = 0.098；NFI = 0.932，IFI = 0.944，CFI = 0.944）；所有题项的标准化因子负载均大于或等于 0.591；下属认知依赖因子和下属动机依赖因子的 AVE 分别为 0.5221 和 0.5596（要求大于 0.5），可见量表具有较高的聚合效度；两个维度的 AVE 平方根（0.72 和 0.75）均大于它们之间的相关系数（0.48），说明下属依赖的两个维度之间有很好的区分效度。从多重中介效应分析来看，下属认知依赖（−0.0320，−0.0008）和下属动机依赖（0.0028，0.0450）的中介效应都显著，中介效应值分别为 −0.0114 和 0.0176。可见，下属认知依赖和下属动机依赖的中介效应方向不同。这进一步表明，将下属依赖分为下属认知依赖和下属动机依赖两个维度进行研究是有意义的。

五、包容型领导对下属认知依赖和下属动机依赖的影响方向不同

从回归分析结果来看：包容型领导对下属认知依赖的解释力为 1.1%，此解释力达到了统计上的显著水平（$\Delta F = 5.357$，$p < 0.05$），其标准化回归系数 β 值达到显著水平（$\beta = 0.107$，$p < 0.05$）；包容型领导对因变量下属动机依赖的解释力为 1.5%，此解释力达到了统计上的显著水平（$\Delta F = 7.298$，$p < 0.05$），其标准化回归系数 β 值达到显著水平（$\beta = -0.123$，$p < 0.05$）。可见，包容型领导对下属认知依赖是正向影响，而对下属动机依赖是负向影响。这正是导致包容型领导对下属依赖整体构念影响不显著和下属依赖中介作用不显著的原因。因为两个维度受影响的方向不一致，下

属依赖受到的总体影响会在两个维度之间相互抵消，从而导致包容型领导对下属依赖影响不显著（$\Delta F = 0.095$，$p > 0.05$）和下属依赖的中介作用不显著（-0.0183，0.0261）。

由于尚未发现过去有将下属依赖分为下属认知依赖和下属动机依赖两个维度的研究，因此无法进行直接的比较分析。但是，有研究验证了其他领导风格能导致下属依赖，比如魅力型领导（Conger，1990；Yukl，1998；Popper and Mayseless，2003；Conger and Kanungo，1998；Shamir，1991）和变革型领导（Popper and Mayseless，2003；Kark，Shamir and Chen，2003），特别是对魅力型领导能增强下属依赖基本上达成共识。关于包容型领导对下属依赖影响不显著的原因，将魅力型领导和包容型领导进行比较研究或许能找到一个合理的解释。

在第二章中本书将包容型领导与其他领导理论进行了比较（见表2-3）。魅力型领导由高度自信、愿景激励、对环境的敏感性、个人冒险和非常规行为五个维度构成，主要特征有：领导者拥有一种超自然所赐的与众不同的力量与品质，下属崇拜、认同并渴望模仿领导者。局限性表现在：魅力型领导未必会按照组织的最佳利益行事，具有魅力的领导者很少，缺乏代表性，忽略了环境因素等，而包容型领导由开放性、有效性和易接近性三个维度构成（Carmeli et al.，2010），主要特征为：领导者与被领导者是一种互动的关系，领导者包容下属的失误，认可并尊重下属的努力与贡献，公平对待下属，下属对上级形成良好的互动，营造一种民主人性化的领导风格。

包容型领导和魅力型领导主要具有如下区别：第一，对员工的作用方式不同。研究表明，魅力型领导的很多品质是与生俱来的，并与外向的、自信的和以成就为导向的等人格特质有关（House and Howell，2002）。可见，魅力型领导对员工的作用方式主要依靠领导特质途径。而包容型领导是关系型领导的一种，强调领导者与被领导者之间的互动和关心，对员工的作用方式主要依靠领导与下属的关系途径。第二，树立的领导形象不同。魅力型领导的特点是下属崇拜、认同并渴望模仿领导者，因此领导在下属心目中树立的是权威形象，而包容型领导的特点是乐于与下属交流，下属感到容易接近，因此领导在下属心目中树立的是亲民形象。第三，营造的组织氛围不同。魅力型领导往往会利用手中的权力将组织打造成他们心目中的样子，并凌驾于组织目标之上[1]。因此，魅力型领导往往会要求下属更多的是服从，体现出集权的组织氛围，而包容型领导的宽容性、易接近性和开放性将营造出更加民主和人性化的组织氛围。

魅力型领导对下属依赖是正向影响，而包容型领导对下属认知依赖和下属动机依赖的影响方向分别为正向和负向。可见，下属依赖在魅力型领导与包容型领导情境下的不同反映根源于下属动机依赖的不同反映。下属动机依赖主要表现在工作热情和工作投入等对领导的依赖性，如果领导不在场，员工会出现工作奉献下降、工作动力下降、工作热情下降和加班意愿减少等。

从魅力型领导和包容型领导的区别来看，包容型领导更加关注追随者的行为，更能够倾听和关注追随者的需要，与下属的关系更加亲近。在包容型领导营造的民主平等和人文关怀的情境下，下属备受尊重，能充分感受到自己在组织中的地位和价值，从而更能激发出下属的主人翁责任意识和工作热情，更加自觉地增加工作投入。可见，当领导越包容，下属的工作投入和工作热情就会越高，即下属动机依赖就越低。因此，包容型领导对下属动机依赖有负向影响也就不难理解了。

六、性别和工龄对创造力的影响显著

本书共设计了性别、年龄、受教育程度、工龄和与领导共事时间五个控制变量。通过检验发现，五个控制变量中，只有性别和工龄对下属创造力有显著影响，影响系数分别是 -0.1826（$p < 0.001$）和 0.1193（$p <$

---

① ［美］斯蒂芬·P.罗宾斯、蒂莫西·A.贾奇：《组织行为学（第14版）》，孙健敏等译，中国人民大学出版社2012年版，第331页。

0.001）。该结论的意义在于可以补充对下属创造力影响机制的解释。

第二节 对管理实践的启示

本书的以上结论不但具有一定的理论意义，而且对管理实践也有一定的借鉴意义。

一、营造促进员工创造力的组织环境：包容型领导

本书证实了包容型领导风格对提高员工的创造力有促进作用。在管理实践中，本书可以通过营造包容和谐的组织氛围和培养包容型领导来提高员工的创造力。领导者可以通过"施展个人魅力""采取有效的领导行为"和"与员工建立良好的领导成员关系"这三种方式来影响员工的创造力。根据包容型领导的开放性、有效性和易接近性的特点，要求领导者能够包容下属的失误，要充分认可并尊重下属的努力与贡献，并在工作中公平对待下属。这样才能使下属与上级形成良好的互动，从而营造出一种民主、公平、包容、和谐的组织氛围。具体措施包括两个方面：

1. 进行有针对性的培训，使领导者具备包容型领导的能力和素质

使领导者具备包容型领导的能力和素质是营造包容和谐的组织环境的基础和前提。企业可根据包容型领导的行为特点有针对性地设置专项培训。为了确保培训效果，需要认真做好培训管理的各个环节。首先，做好培训需求调研和分析。可采用问卷调查、360度访谈、查看档案（特别是绩效考评和选拔晋升考核的相关资料）等方法把握领导者能力与素质的现状，通过和理想的包容型领导能力与素质进行比较分析，从而发现培训需求，综合评估后确定培训项目。其次，做好培训规划。对培训内容、师资来源、培训方式方法、培训时间和地点、培训效果评估指标和培训经费等

进行全方位的设计，确保培训方案的科学性和可操作性。再次，做好培训实施。加强对包容型领导培训项目的组织和管理，加强与培训师之间的沟通和交流，提高培训效果。最后，根据事先设计好的评估指标对包容型领导培训项目进行效果评估。评估结果可为完善和改进包容型领导培训项目提供科学依据。

另外，针对不同的能力和素质应该采取不同的培训方式。例如，可采用参与型培训法（比如案例研究法、头脑风暴法、模拟训练法、敏感性训练法等）来提高领导者的情商、创造性解决问题的技巧和社会技巧、管理能力以及察觉员工风格的直觉等能力；可采用态度型培训法（比如角色扮演法、拓展训练等）来调整领导者的创造性工作动机和认知风格；可采用直接传授型培训法（比如讲授法、专题讲座法、研讨法等）来提高领导者的管理理念和专业知识；可采用实践型培训法（比如工作指导法、工作轮岗法、特别任务法、个别指导法等）来提高领导者的专业技术能力；等等。

2. 完善激励机制，使领导者展现出更多的包容型领导行为

有利于提高员工创造力的包容型领导行为主要有：乐意倾听下属新的想法、关注改进工作流程的新机会、乐意与下属讨论工作目标及完成任务的新方法、鼓励下属在遇到新问题的时候向领导者寻求帮助、常与下属讨论工作上出现的新问题；善于听取下属观点和认可下属的贡献、鼓励和欣赏员工的努力、鼓励员工自我表达、支持自主性、接受非正统的想法、通过榜样来启发员工创新；对员工的观点乃至失败持包容态度、关注追随者的行为和需要；允许员工参与和创造力相关的活动、构建能驱动员工创造力的组织结构、加强工作指导、支持员工创造性工作、有同理心和体谅员工、对员工创造力表现出期望、给予奖励和认可、加强创造力培养、建立高质量的领导下属交换关系等。

当领导者拥有了包容型领导的能力与素质后，为了促使领导者在工作中心甘情愿地展现出以上包容型领导的行为，需要完善相关制度进行激励和导向。首先，要充分发挥绩效管理的导向和监督作用。在设定领导者的绩效计划时，要求领导者在工作中要有包容型领导风格的行为表现。考评

指标和考评方式方法也要相匹配。考评方法上不能片面追求结果导向，需要重点考察领导者的行为表现，采用关键事件法、行为锚定等级法、行为观察法等行为导向的考评方法对包容型领导行为进行考评。其次，要充分发挥薪酬管理的激励和规范作用。可通过工资、福利、表彰等形式来对包容型领导行为进行肯定，从而激励领导者更多地表现出包容型领导行为。最后，在职务晋升和人事调整等方面也可以对包容型领导进行倾斜，发出组织需要包容型领导的信号，从而鼓励领导者更加心甘情愿地从事包容型领导行为。

二、加强员工创造力的内驱力：团队心理安全感

本书证实了团队心理安全感能促进员工的创造力提高。心理安全是能够充分展示自我而不用担心产生负面影响的一种感知，是组织内成员之间互相支持的一种普遍感受。在一个心理安全感较高的团队中，团队成员可以提出不同的观点而不必担心受到其他成员的批评、指责或惩罚，并且还能向其他成员寻求帮助与反馈，这种促进性环境有助于激发成员的创新行为。而且，当一个团队心理安全感较高时，团队成员由于花更少的时间去调节人际关系，从而有更多的时间去提出创新的建议和讨论建设性问题的解决方案。同时，当员工团队心理安全感高时，他们更容易产生满意、快乐、得意、放松等好的心境，而心境好的员工更富有创造性，他们会提出更多新颖的想法和做出更具创造性的选择。

在管理实践中，以上关于营造包容和谐的组织氛围和培养包容型领导的措施对提高员工的团队心理安全感均有促进作用。此外，提高员工团队心理安全感的具体措施还有：

1. 率先垂范，表明领导者的态度

提高团队心理安全感的关键在于让团队成员对领导和同事产生信任感，特别是领导对反对意见的态度决定了下属是否愿意建言。领导者应该做好表率，勇于接受批评意见，对下属的异议甚至反对意见持包容态度，

让员工相信领导不会为此而打击报复或公报私仇。

2. 树立标杆，充分发挥榜样的作用

在组织中对敢于标新立异或向他人提出善意批评的成员给予及时表扬和肯定，传递出领导者对这类行为的期望和认可。通过树立标杆，发挥榜样的激励作用，鼓励全体团队成员敢于提出不同意见，勇于表达内心的真实想法。只有如此，团队成员之间才会有更多的有效沟通，通过共享信息来碰撞出新的想法，从而提高团队的创新能力。

3. 形成制度，奖励创新行为

仅仅依靠领导的表率和榜样的激励还远远不够，因为这只是代表团队领导的意志，一旦团队领导进行调动，员工的团队心理安全感又将回到原点。因此，应该从企业层面制定鼓励创新的制度，表达出企业希望员工创新的意志。企业通过奖励员工的创新行为，让员工增强"人际冒险"的勇气，从而提高团队心理安全感。

三、排除员工创造力的心理障碍：下属依赖

本书验证了下属依赖会阻碍员工创造力的提高。下属依赖往往是不加批判地接受、赞成并主张领导的观点，而创造力是个体或小型的工作团体所产生的新颖且适当的想法，下属依赖与下属创造力无疑是背道而驰的。无论在哪个方面对领导产生了依赖感都将抑制员工的创造力。如果在专业技术方面对领导产生了依赖，员工将不会主动去追求专业技术上的精益求精和攻坚克难；如果对领导产生了盲目崇拜，就会完全接受领导的观点且从不质疑，按部就班地工作，不会提出不同的观点和纠偏领导决策中的错误；如果在工作动机方面对领导产生了依赖，当领导不在场时，下属的工作动力会减弱，贡献会减少；如果在工作投入方面对领导产生了依赖，当领导不在场时，下属的敬业度和工作热情都会下降；如果在工作中力求领导认可，下属就会一味迎合领导的意图，不愿去做可能导致领导不高兴的冒险性工作。

下属依赖是诸多有效领导风格（如魅力型领导、变革型领导、真实型领导和包容型领导）共同的"副作用"。在管理实践中，只有克服了这些"副作用"才能更好地发挥领导活动的有效性。具体可以采取如下措施：

1. 提倡参与式管理

参与式管理是一种民主的管理模式，能增强员工的主人翁责任感，充分调动员工的工作积极性。让员工有更多的机会参与到管理活动中去，可以加强领导与下属的交流与沟通，从而鼓励下属独立思考和提出自己的见解，减少对领导的依赖心理。

2. 树立亲民的领导形象

不能"神化"领导者或者将其树立成令下属敬而远之的权威形象，应反对盲目崇拜，树立起领导的亲民形象。魅力型领导等领导风格很容易形成权威形象，领导者独特的魅力和超强的能力往往令下属产生敬畏感，从而削弱对领导建言的动机，取而代之的是无条件的服从，而亲民的领导形象能够让员工敢于向领导表达自己的真实想法，有利于下属自主地开展工作，减少对领导的依赖。

3. 领导者要适当授权

集权者往往会通过控制资源来达到凌驾于组织之上的目的。然而，资源的稀缺往往是导致员工产生依赖的根源。领导者在管理活动中对下属进行适当的授权，能够充分发挥员工的主观能动性，也能营造出民主、平等、自由和充满人文关怀的组织氛围。下属拥有一定的权力，便能在权限范围内独立自主开展工作，而不是事事等待领导来决策，从而减少对领导的依赖感。

四、树立员工创造力的榜样：领导者创造力

本书证明了包容型领导能促进下属提高创造力。加强对领导者创造力的培养能增强领导的冒险精神和创新意识，提高领导者的开放性，从而提高包容型领导水平。因此，加强领导者的创造力能通过提高包容型领导水

平来促进下属创造力，这与社会学习理论（Social Learning Theory）的观点是一致的。社会学习理论认为个体可以通过观察他人进行学习，可以通过观察特定情境下其他组织成员的行为来了解组织中的哪些行为可以被接受或不被接受，以调整自己的行为。领导的冒险精神和很强的创造力能发挥示范效应（Ilies，Morgeson and Nahrgang，2005；Matthew，2009），给员工提供学习的榜样，从而促进员工从事创新工作。

从管理实践来看，提高领导者的创造力可以从以下三方面入手：

1. 排除八大思维障碍

有八种思维方式阻碍创造力的提高，分别是：习惯性思维（形成思维定式）、直线型思维（死记硬背、生搬硬套）、迷信权威性思维（一切按照权威意见办）、从众型思维（随大流）、迷信书本型思维（认为书本上的理论完全正确）、自我中心型思维（井底之蛙、一叶障目不见泰山）、自卑型思维（缺乏创新的勇气）和麻木型思维（习以为常、安于现状）。以上八大思维障碍严重影响了创新行为和创造力，领导者要带头克服。

2. 加强六大思维训练

与以上思维障碍相反，某些思维方式能够促进创新和创造力，主要包括：发散思维（举一反三、触类旁通，扩散思维、多向思维）、收敛思维（直指问题中心，集中思维、求同思维）、想象思维（对已知的表象进行加工和重组）、联想思维（在一定诱因下将不同的表象联系起来）、逻辑思维（思维活动按照逻辑形式进行）和辩证思维（矛盾思维、多角度考虑问题）。加强这六大思维的训练能够提高创新意识，企业可设置专门的培训项目进行训练，提高领导者的创造力。

3. 构建学习型组织

学习型组织是善于学习和鼓励创新的组织。构建学习型组织有利于团队成员相互学习、相互影响，从而获取新知识和新思想。领导者应将自己所负责的团队打造成为学习型团队，不但能够促进团队成员间的相互学习，领导者也能在团队中通过共同学习提高创造力。

五、安排创造性任务时要知人善用：权力距离、性别和工龄

本书还发现权力距离对包容型领导对下属创造力的作用机制有调节作用。当员工权力距离高时，包容型领导对下属创造力的作用机制会减弱，反之则反。另外，性别和工龄对创造力都有显著影响。男性比女性创造力更强，工龄长的比工龄短的员工创造力更强。

领导者在安排创造性工作任务，或为创造性绩效要求较高的岗位选拔人才时，需要从权力距离、性别和工龄等方面进行考虑，做到知人善用。从人力资源管理实践来看，"人岗匹配"是选人用人的基本准则。要做到人岗匹配需要进行科学的岗位分析和人才测评，在充分了解岗位要求和人才素质的基础上进行人员安排。例如，战略规划、设计和研发等工作岗位，对员工的创新能力有更高的要求。因此，在选拔人才时要充分考虑权力距离、工龄等影响因素，不应将权力距离高和工龄太短的员工放在这些岗位上。

第三节 研究局限与未来研究展望

一、研究局限

尽管本书做了比较充分的准备和较为精心的设计，但鉴于人财物资源和社会资源等限制，本书仍旧存在局限和不足，有待在进一步研究时改进。

1. 研究内容方面的不足

首先，没有探讨包容型领导构念在国内外的差异，没有开发中国情境

下的包容型领导量表。中西方关于"包容"的内涵有所不同，因而包容型领导在中西方应该有各自独特的内涵，本书没有对不同文化背景下包容型领导的内涵进行解析。

其次，没有对"包容型领导"构念的维度进行进一步探索。虽然包容型领导由开放性、有效性和易接近性三维度组成的观点被众多学者采纳，但由于量表的缘故（量表开发时只提取了一个共同因子），本书只探讨了作为整体构念的包容型领导。

2. 研究模型设计方面的不足

首先，只关注了员工层面的规律，没有从多层面去探析包容型领导对下属创造力的影响机制。

其次，本书只对三条中介路径的作用大小进行了比较研究，没有进一步探析三个中介变量之间的关系，比如团队心理安全感是否对下属依赖有影响等。

最后，本书只考虑了"团队心理安全感"中介路径的调节变量，没有设计"下属依赖"中介路径的情境因素，后续研究可进一步探索该路径的调节机制。

3. 实证研究设计方面的不足

首先，由于时间有限，本书采用的是横截面数据，这不能确定包容型领导和下属创造力之间的因果关系，即无法确定是包容型领导影响了下属的创造力，还是下属的创造力促进了领导者形成包容型领导风格。将来可以采取多时点收集数据的方法，从而更好地探索两者之间的因果关系。

其次，采集数据的方法单一，没有采取更多的避免同源方差的措施。本书虽然采用了多渠道采集数据的方法（下属创造力由领导评价，其他变量由下属评价），但是只使用了自陈式问卷调查，而没有采用准实验或现场实验研究等方法。

再次，尽管本书设置了三条社会赞许性题项，但依然发现有些变量的测量均值偏高。本书也采取了一些措施消除被调查者的顾虑，但要消除下属对领导评价时的顾虑确实是个难题，有待进一步改进。

最后，由于时间和社会资源的局限，本书采取的是便利抽样方法，而且样本集中在四川省范围内。因此，不能确保本书的结果在其他地域下仍然具有同样的效力。

二、未来研究展望

本书对包容型领导对下属创造力的影响机制进行了探索，虽然取得了一定的研究成果，但由于资源的不足和能力的欠缺，还是留下了一些遗憾。在总结了本书局限的基础上，本书对包容型领导与下属创造力关系的相关研究进行展望，为未来从事相关研究的学者提供参考。

1. 对包容型领导进行跨文化研究十分有必要

不同文化背景下包容型领导的内涵不同，可对包容型领导进行跨文化研究，比较不同文化情境下包容型领导在内涵和外延上的差别，从而构建出本土化的、更加适合中国文化的包容型领导模式。

2. 加大对包容型领导的维度及测量工具的研究

当前，关于包容型领导的维度和测量工具的研究较少，这正是限制包容型领导实证研究的要害所在。需要更多的学者来开发包容型领导的测量工具，继而更加深入地探索包容型领导各维度与前因及后果变量的关系。

3. 进行跨层研究更能揭示对创造力的影响机制

Woodman 等（1993）提出组织创造力的交互模型时就指出，跨层次的研究更有利于准确解释创造力的影响因素。在包容型领导与下属创造力相关研究中也可以考虑跨层次研究，比如研究团队层面的包容型领导和团队心理安全感对个体层面的下属创造力的影响。

附录1 调查问卷（M卷）

领导风格与团队特征调查问卷

（M卷：团队成员使用）

尊敬的女士/先生：

　　您好！这是一份有关"领导风格和团队特征"的纯学术问卷，主要研究领导的风格和团队特征，与工作绩效及其考评无关，您的答案无对错好坏之分，您的真实想法和客观评价是我们进行科学研究的宝贵信息。您填的问卷将由调研人员当场收走，其他任何人都无法查看，不会对您的生活和工作造成任何不利影响，请您放心作答。

　　如果您对本研究有任何疑问，请与调研人员沟通，或与该研究负责人古老师联系。

　　感谢您的支持和帮助！

××××大学人力资源管理研究所

联系电话：×××××××××××

2014年9月

第一部分：基本信息（请在对应的□中画"√"）

01. 您的性别：

□男　　　　　　　　□女

02. 您的年龄：

□25 岁及以下　　　□26~30 岁　　　□31~35 岁　　　□36~40 岁

□41~50 岁　　　　　□51 岁及以上

03. 您的学历：

□高中及以下　　　□专科　　　　　□本科　　　　　□硕士研究生

□博士研究生

04. 您的工龄：

□不满 1 年　　　　□1~2 年　　　　□3~5 年　　　　□6~10 年

□11~20 年　　　　□超过 20 年

05. 您与现任直接领导一起共事的时间：

□不足 3 个月　　　□3~12 个月　　　□1~2 年　　　　□2~3 年

□3~5 年　　　　　□5 年以上

第二部分：创新开发（单选，请在对应的□中画"√"）

结合您的真实想法和工作情况，为下列各题选择一个符合度。

编号	内容	非常不符合	基本不符合	说不清楚	比较符合	非常符合
06	我觉得自己在工作中的好坏与谁是我的上司没有关系	1□	2□	3□	4□	5□
07	我认为领导做决策时不需要征询下属的意见	1□	2□	3□	4□	5□
08	我认为领导应该拥有一些特权	1□	2□	3□	4□	5□
09	我认为上级不应该把重要的事情授权给下属去解决	1□	2□	3□	4□	5□
10	我认为领导不应该和下属过多地交换意见	1□	2□	3□	4□	5□
11	我认为上司应当避免与下属有工作之外的交往	1□	2□	3□	4□	5□
12	我认为下属不应该反对上级的决定	1□	2□	3□	4□	5□

编号	内容	非常 不符合	基本 不符合	说不 清楚	比较 符合	非常 符合
13	我并不是每次都说实话				□是	□否
14	偶尔我会将今天应该做的事，推到明天去做				□是	□否
15	有些时候我会发脾气				□是	□否

第三部分：团队合作

单选，请根据团队的实际情况选择符合度，并在对应的□中画"√"。

编号	内容	非常 不符合	基本 不符合	说不 清楚	比较 符合	非常 符合
16	在我们团队中，如果某位成员在工作中犯了错，其他成员常会因此而对他/她抱有意见	1□	2□	3□	4□	5□
17	在我们团队中，团队成员可以提出异议并坚持自己的观点	1□	2□	3□	4□	5□
18	在我们团队中，表现与众不同的人有时会遭到排斥	1□	2□	3□	4□	5□
19	在我们团队中，做冒险的事是可以接受的	1□	2□	3□	4□	5□
20	在我们团队中，向其他成员寻求帮助是很难的	1□	2□	3□	4□	5□
21	在这个团队中，没有人会故意诋毁或破坏我的努力	1□	2□	3□	4□	5□
22	在与团队成员的合作中，我独有的技能和天赋不但能得到尊重而且有用武之地	1□	2□	3□	4□	5□

第四部分：沟通交流

单选，请根据实际情况选择符合度，并在对应的□中画"√"。

编号	内容	非常 不符合	基本 不符合	说不 清楚	比较 符合	非常 符合
23	现任直接领导乐意倾听新的想法或方案	1□	2□	3□	4□	5□
24	现任直接领导关注改进工作流程的新机会	1□	2□	3□	4□	5□

编号	内容	非常 不符合	基本 不符合	说不 清楚	比较 符合	非常 符合
25	我发现没有现任直接领导的指导，自己很难发挥作用	1□	2□	3□	4□	5□
26	现任直接领导乐意和我讨论工作目标及完成任务的新方法	1□	2□	3□	4□	5□
27	我觉得现任直接领导在周围的时候我能将工作做得更好	1□	2□	3□	4□	5□
28	现任直接领导善于为下属遇到的问题提供参考意见	1□	2□	3□	4□	5□
29	如果现任直接领导被调换，我就找不到帮助我解决问题的人了	1□	2□	3□	4□	5□
30	当现任直接领导度假去了，我的工作热情会下降	1□	2□	3□	4□	5□
31	现任直接领导在团队中随时"存在"——随时有空接见下属	1□	2□	3□	4□	5□
32	现任直接领导善于解答我请教的业务方面的问题	1□	2□	3□	4□	5□
33	当现任直接领导度假去了，我加班的意愿会减少	1□	2□	3□	4□	5□
34	现任直接领导随时愿意倾听我的诉求	1□	2□	3□	4□	5□
35	现任直接领导鼓励我在遇到新问题的时候向他寻求帮助	1□	2□	3□	4□	5□
36	如果现任直接领导离开的话，我对工作的奉献会下降	1□	2□	3□	4□	5□
37	下属可容易地和现任直接领导讨论工作上出现的新问题	1□	2□	3□	4□	5□
38	如果现任直接领导离开的话，我的工作动力会下降	1□	2□	3□	4□	5□

再次感谢您的支持！

注：预测试中被删除的题项如下：

编号	内容
1	在工作中我努力赢得现任直接领导对我的认可
2	在工作中能得到现任直接领导的表扬，对于我来说是很重要的
3	我坚决服从现任直接领导的命令
4	我完全接受现任直接领导的观点，而且从不质疑
5	在执行现任直接领导的命令之前，我会仔细考虑这样安排是否合理

附录2 调查问卷（L卷）

领导风格与团队特征调查问卷
（L卷：团队领导使用）

尊敬的团队领导：

  您好！这是一份有关"领导风格和团队特征"的纯学术问卷，主要研究领导的风格和团队特征，与工作绩效及其考评无关，您的答案无对错好坏之分，您的真实想法和客观评价是我们进行科学研究的宝贵信息。您填的问卷将由调研人员当场收走，其他任何人都无法查看，不会对您的生活和工作造成任何不利影响，请您放心作答。

  如果您对本研究有任何疑问，请与调研人员沟通，或与该研究负责人古老师联系。

  感谢您的支持和帮助！

             ××××大学人力资源管理研究所

             联系电话：×××××××××××

             2014 年 9 月

第一部分：基本信息（在对应的□中画"√"）

01. 您的性别：

□ 男　　　　　　□ 女

02. 您的年龄：

□ 25 岁及以下　　□ 26~30 岁　　□ 31~35 岁　　□ 36~40 岁

□ 41~50 岁　　　□ 51 岁及以上

03. 您的学历：

□ 高中及以下　　□ 专科　　　　□ 本科　　　　□ 硕士研究生

□ 博士研究生

04. 您的工龄：

□ 不满 1 年　　　□ 1~2 年　　　□ 3~5 年　　　□ 6~10 年

□ 11~20 年　　　□ 超过 20 年

05. 您在现任岗位上工作多久了？

□ 不足 3 个月　　□ 3~12 个月　　□ 1~2 年　　　□ 2~3 年

□ 3~5 年　　　　□ 5 年以上

06. 您工作单位的性质：

□ 国有企业　　　□ 民营企业　　□ 外资/合资企业 □ 事业单位

□ 政府部门　　　□ 其他

第二部分：对下属的评价

单选，请您对下列员工进行评价，并在对应的□中画"√"。

下属1	（请填该下属的姓名）	非常不符合	基本不符合	说不清楚	比较符合	非常符合
07-1	该员工首先尝试新点子或新方法	1□	2□	3□	4□	5□
07-2	该员工寻求解决问题的新点子和新方法	1□	2□	3□	4□	5□
07-3	该员工在工作领域提出开创性的想法	1□	2□	3□	4□	5□
07-4	该员工是一个创造性开展工作的好榜样	1□	2□	3□	4□	5□

注：对下属 2 到下属 8 的评价表与下属 1 的相同，故此处省略。

再次感谢您的支持！

参考文献

陈瑞、郑毓煌、刘文静：《中介效应分析：原理、程序、Bootstrap 方法及其应用》，《营销科学学报》2014 年第 4 期。

陈晓萍、徐淑英、樊景立：《组织与管理研究的实证方法》，北京大学出版社 2012 年版。

樊景立、郑伯埙：《华人组织的家长式领导：一项文化观点的分析》，《本土心理学研究》2000 年第 13 期。

方立天：《中国佛教伦理思想论纲》，《中国社会科学》1996 年第 2 期。

方阳春、金惠红：《包容型领导者风格对高校科研团队绩效影响的实证研究》，《技术经济》2014 年第 4 期。

方阳春：《包容型领导风格对团队绩效的影响——基于员工自我效能感的中介作用》，《科研管理》2014 年第 5 期。

高建丽、孙明贵：《基于心理资本的包容型领导对创新行为的作用路径》，《软科学》2014 年第 4 期。

古银华、卿涛、杨付、张征：《包容型领导对下属创造力的双刃剑效应》，《管理科学》2017 年第 1 期。

古银华、李海东、李璞、余蓉：《下属依赖研究述评与展望》，《软科学》2016 年第 12 期。

古银华：《包容型领导对员工创新行为的影响——一个被调节的中介模型》，《经济管理》2016 年第 4 期。

古银华、李海东、苏勇：《主管信任真会促进员工任务绩效吗——认知依赖和权力距离的作用》，《商业经济与管理》2017 年第 1 期。

管春英:《包容性领导对员工创新行为的多链条作用机制研究》,《科学学与科学技术管理》2016 年第 6 期。

韩庆祥:《人的依赖—物的依赖—能力依赖——从权力本位走向能力本位》,《社会科学战线》1999 年第 3 期。

韩翼、杨百寅:《真实型领导、心理资本与员工创新行为:领导成员交换的调节作用》,《管理世界》2011 年第 12 期。

何立芳:《道教社会伦理思想之研究》,巴蜀书社 2010 年版。

何丽君:《包容性领导的理念及其实现路径》,《领导科学》2014 年第 5 期。

黄海德:《道家、道教与道学》,《宗教学研究》2004 年第 4 期。

黄秋风、唐宁玉:《变革型领导与交易型领导对员工创新行为影响的元分析研究》,《软科学》2016 年第 3 期。

李曼:《依赖型人格的研究综述》,《芜湖职业技术学院学报》2011 年第 3 期。

李燕萍、杨婷、潘亚娟、徐嘉:《包容性领导的构建与实施——基于新生代员工管理视角》,《中国人力资源开发》2012 年第 3 期。

刘燕、李锐、赵曙明:《包容性领导与下属揭发意愿的关系:一个被调节的中介效应模型》,《心理科学》2016 年第 1 期。

刘益、刘军、宋继文、吴维库:《不同情商水平下领导行为与员工组织承诺关系的实证研究》,《南开管理评论》2007 年第 2 期。

柳士顺、凌文辁:《多重中介模型及其应用》,《心理科学杂志》2009 年第 2 期。

马力、曲庆:《可能的阴暗面:领导—成员交换和关系对组织公平的影响》,《管理世界》2007 年第 11 期。

马跃如、程伟波、周娟美:《心理所有权和犬儒主义在包容性领导对员工离职倾向影响中的中介作用》,《中南大学学报》(社会科学版) 2014 年第 6 期。

邵芳:《组织支持理论研究述评与未来展望》,《经济管理》2014 年第 2 期。

斯蒂芬·P. 罗宾斯、蒂莫西·A. 贾奇:《组织行为学》,孙健敏、李原、黄小勇译,中国人民大学出版社 2012 年版。

唐宁玉、张凯丽:《包容性领导研究述评与展望》,《管理学报》2015 年第 6 期。

王庆娟、张金成:《工作场所的儒家传统价值观:理论、测量与效度检验》,《南开管理评论》2012 年第 4 期。

魏江、邬爱其、彭雪蓉:《中国战略管理研究:情境问题与理论前沿》,《管理世界》2012 年第 12 期。

温忠麟、叶宝娟:《有调节的中介模型检验方法:竞争还是替补?》,《心理学报》2014 年第 5 期。

吴明隆:《问卷统计分析实务——SPSS 操作与应用》,重庆大学出版社 2010 年版。

杨付、刘军、张丽华:《精神型领导、战略共识与员工职业发展:战略柔性的调节作用》,《管理世界》2014 年第 10 期。

杨付、张丽华:《团队沟通、工作不安全氛围对创新行为的影响:创造力自我效能感的调节作用》,《心理学报》2012 年第 10 期。

杨付、张丽华:《团队成员认知风格对创新行为的影响:团队心理安全感和工作单位结构的调节作用》,《南开管理评论》2012 年第 5 期。

杨国枢:《家族化历程、泛家族主义及组织管理》,桂冠图书公司 2012 年版。

杨中芳、赵志裕:《测谎题到底是在测什么》,《教育研究与实验》1990 年第 3 期。

姚明晖、李元旭:《包容性领导对员工创新行为作用机制研究》,《科技进步与对策》2014 年第 5 期。

姚卫群:《佛教思想与文化》,北京大学出版社 2009 年版。

张闯、夏春玉:《渠道权力:依赖、结构与策略》,《经济管理》2005 年第 2 期。

张鹏程、刘文兴、廖建桥:《魅力型领导对员工创造力的影响机制:仅有心理安全足够吗?》,《管理世界》2011 年第 10 期。

章璐璐、杨付、古银华:《包容型领导:概念、测量与研究展望》,《心理科学进展》2016 年第 9 期。

郑伯埙:《差序格局与华人组织行为》,《本土心理学研究》2009 年第 3 期。

周浩:《家长式领导对下属进谏行为的影响:基于关系的视角》,《四川大学学报》(哲学社会科学版) 2014 年第 4 期。

周京、克里斯蒂娜·E. 莎莉:《组织创造力研究全书》,魏昕、陈云云、王莎莎、张航、周加佳译,北京大学出版社 2010 年版。

朱其训:《"包容性增长"实现路径探析——基于"包容性领导"的视角》,《前沿》2011 年第 23 期。

朱瑜、钱姝婷:《包容型领导研究前沿探析与未来展望》,《外国经济与管理》2014 年第 2 期。

Amabile T. M. and Pillemer J., "Perspectives on the social psychology of creativity", *The Journal of Creative Behavior*, Vol. 46, No.1, 2012, pp. 3-15.

Amabile T.M., Schatzel E.A., Moneta G.B. and Kramer S.J., "Leader behaviors and the work environment for creativity: Perceived leader support", *The Leadership Quarterly*, Vol.15, No.1, 2004, pp. 5-32.

Amabile T.M., "A model of creativity and innovation in organizations", *Research in Organizational Behavior*, Vol.10, 1988, pp. 123-167.

Anderson N., Potocnik K. and Zhou J., "Innovation and creativity in organizations a state-of-the-science review, prospective commentary, and guiding framework", *Journal of Management*, Vol.40, No.5, 2014, pp. 1297-1333.

Baas M., Roskes M., Sligte D., Nijstad B. A. and D. E. Dreu C. K. W., "Personality and creativity: The dual pathway to creativity model and a research agenda", *Social and Personality Psychology Compass*, Vol.7, No. 10, 2013, pp. 732-748.

Bai X. and Roberts W., "Taoism and its model of traits of successful leaders", *Journal of Management Development*, Vol.30, 2011, pp. 724-739.

Barak M.E.M. and Levin A., "Outside of the corporate mainstream and excluded from the work community: A study of diversity, job satisfaction and well-being", *Community, Work & Family*, Vol.5, No.2, 2002, pp. 133-157.

Barak M.E.M., Findler L. and Wind L.H., "Diversity, inclusion, and commitment in organizations: International empirical exploration", *Journal of Behavioral and Applied Management*, Vol.2, No.2, 2001, pp. 70–91.

Basu R. and Green S.G., "Leader–member exchange and transformational Leadership: An empirical examination of innovative behaviors in leader–member dyads", *Journal of Applied Social Psychology*, Vol.27, No. 6, 1997, pp. 477–499.

Beyer J.M., "Two approaches to staying charismatic Leadership: Competing or complementary?", *The Leadership Quarterly*, No.10, 1999, pp. 575–588.

Bienefeld N. and Grote G., "Speaking up in ad hoc multiteam systems: Individual–level effects of psychological safety, status, and leadership within and across teams", *European Journal of Work and Organizational Psychology*, Vol.23, No.6, 2014, pp. 930–945.

Birtchnell J., "Defining dependence", *British Journal of Medical Psychology*, Vol.61, No.2, 1988, pp. 111–123.

Brown M. E. and Mitchell M. S., "Ethical and unethical leadership: Exploring new avenues for future research", *Business Ethics Quarterly*, Vol. 20, 2010, pp. 583–616.

Carmeli A. and Gittell J.H., "High–quality relationships, psychological safety, and learning from failures in work organizations", *Journal of Organizational Behavior*, No.3, 2009, pp. 709–729.

Carmeli A., Roni R.P. and Enbal Z., "Inclusive Leadership and employee involvement in creative tasks in the workplace: The mediating role of psychological safety", *Creativity Research Journal*, Vol.22, No.3, 2010, pp. 250–260.

Catherine R.Y., Debra M.B. and Chenille M., "Social change: A framework for inclusive leadership development in nursing education", *Journal of Nursing Education*, Vol.55, No.3, 2016, pp. 164–167.

Chen V.Z., Li J., Shapiro D.M. and Zhang X., "Ownership structure and innovation: An emerging market perspective", *Asia Pacific Journal of Management*, Vol.31, No.1, 2014, pp. 1-24.

Cho S. and Mor-Barak M.E., "Understanding of diversity and inclusion in a perceived homogeneous culture: A study of organizational commitment and job performance among Korean employees", *Administration in Social Work*, Vol.32, No.4, 2008, pp. 100-126.

Choi S.B., Tran T.B.H. and Park B.I., "Inclusive leadership and work engagement: Mediating roles of affective organizational commitment and creativity", *Social Behavior and Personality*, Vol.43, No.6, 2015, pp. 931-944.

Chua R.Y., Roth Y. and Lemoine J.F., "The impact of culture on creativity how cultural tightness and cultural distance affect global innovation crowdsourcing work", *Administrative Science Quarterly*, Vol.60, No.2, 2015, pp. 189-227.

Conger J.A., "The dark side of leadership", *Organizational Dynamics*, Vol. 19, No.2, 1990, pp.44-55.

Dansereau F., Graen G. and Haga W.J., "A vertical dyad linkage approach to leadership within formal organizations: A longitudinal investigation of the role-making process", *Organizational Behavior and Human Performance*, Vol.13, No.1, 1975, pp. 46-78.

David J.G.D. and Boehm S.A., "Status Matters: The asymmetric effects of supervisor-subordinate disability incongruence and climate for inclusion", *Academy of Management Journal*, Vol.59, No.1, 2016, pp. 44-64.

Dicksona M.W., Hartogb D.N. and Mitchelsona J.K., "Research on leadership in a cross-cultural context: Making progress, and raising new questions", *Leadership Quarterly*, Vol.14, 2003, pp. 729-768.

Dinh J.E., Lord R.G., Gardner W. L., Liden R.C. and Hu J., "Leadership theory and research in the new millennium: Current theoretical trends and changing perspectives", *The Leadership Quarterly*, Vol.25, No.1, 2014, pp. 36–62.

Edmondson A.C., "Psychological safety and learning behavior in work teams", *Administrative Science Quarterly*, Vol.44, No.2, 1999, pp. 350–383.

Eisenbeiß S.A. and Boerner S., "A Double-edged Sword: Transformational Leadership and Individual creativity", *British Journal of Management*, Vol. 24, No.1, 2013, pp. 54–68.

Emerson R.M., "Power-dependence relations", *American Sociological Review*, Vol.27, No.1, 1962, pp. 31–41.

Farh J.L., Earley P.C. and Lin S.C., "Impetus for action: A cultural analysis of justice and organizational citizenship behavior in Chinese society", *Administrative Science Quarterly*, Vol.42, 1997, pp. 421–444.

Farh J. L., Hackett R.D. and Liang J., "Individual -level cultural values as moderators of perceived Organizational support -employee outcome relationships in China: Comparing the effects of power distance and traditionality", *Academy of Management Journal*, Vol.50, No.3, 2007, pp. 715–729.

Farmer S.M., Tierney P. and Kung-Mcintyre K., "Employee creativity in Taiwan: An application of role identity theory", *Academy of Management Journal*, Vol.46, No.5, 2003, pp. 618–630.

Findler L., Wind L.H. and Barak M.E.M., "The challenge of workforce management in a global society: Modeling the relationship between diversity, inclusion, organizational culture, and employee well-being, job satisfaction and organizational commitment", *Administration in Social Work*, Vol. 31, No.3, 2007, pp. 63–94.

Fry L.W., "Toward a theory of spiritual leadership", *Leadership Quarterly*, Vol.14, 2003, pp. 693–727.

Fry L.W., Hannah S.T., Noel M. and Walumbwa F.O., "Impact of spiritual leadership on unit performance", *Leadership Quarterly*, Vol.22, 2011, pp. 259–270.

Garcia–Morales V.J., "Transformational leadership influence on organizational performance through organizational learning and innovation", *Journal of Business Research*, Vol.65, No.7, 2012, pp. 1040–1050.

Gardner W.L. and Avolio B.J., "The charismatic relationship: A dramaturgic perspective", *Academy of Management Review*, Vol.23, No.1, 1998, pp. 32–58.

Gong Y.P., Huang J.C. and Farh J.L., "Employee learning orientation, transformational leadership, and employee creativity: The mediating role of employee creative self–efficacy", *Academy of Management Journal*, Vol.52, No.4, 2009, pp. 765–778.

Granados A.C. and Kruse F., "Implementing changes in the head teacher role: Adaptation of strategic leadership style in inclusive school settings", *International Journal of Leadership in Public Services*, Vol.7, No.4, 2011, pp. 287–303.

Grawitch M.J., Munz D.C. and Elliott E.K., "Promoting creativity in temporary problem –solving groups: The effects of positive mood and autonomy in problem definition on idea –generating performance", *Group Dynamics: Theory, Research, and Practice*, Vol.7, No.3, 2003, pp. 200–213.

Gumusluoglu L. and Ilsev A., "Transformational leadership, creativity, organizational innovation", *Journal of Business Research*, Vol.62, No.4, 2009, pp. 461–473.

Hantula D.A., "Review of 'Inclusive leadership: The essential leader–follower relationship'", *The Psychological Record*, Vol.59, No.4, 2009, pp. 701–703.

Hirak R., Peng A.C. and Carmeli A., "Linking leader inclusiveness to work unit performance: The importance of psychological safety and learning from failures", *Leadership Quarterly*, Vol.23, No.1, 2012, pp. 107–117.

Hirshleifer D., Low A. and Teoh S.H., "Are overconfident CEOs better innovators?", *The Journal of Finance*, Vol.67, No.4, 2012, pp. 1457–1498.

Homans G.C., "A conceptual scheme for the study of social organization", *American Sociological Review*, Vol.12, No.1, 1947, pp. 13–26.

Howard J., Shaw E.K. and Felsen C.B., et al., "Physicians as inclusive leaders: Insights from a participatory quality improvement intervention", *Quality Management in Healthcare*, Vol.21, No.3, 2012, pp. 135–145.

Howell J.M. and Avolio B.J., "The ethics of charismatic leadership: Submission or liberation", *The Academy of Management Executive*, Vol.6, No. 1, 1992, pp. 43–54.

Hunt J.G., Stelluto G.E. and Hooijberg R., "Toward new –wave organization creativity: Beyond romance and analogy in the relationship between orchestra–conductor leadership and musician creativity", *Leadership Quarterly*, Vol.15, No.1, 2004, pp. 145–162.

Ireland R.D. and Hitt M.A., "Achieving and maintaining strategic competitiveness in the 21st century: The role of strategic leadership", *Academy of Management Executive*, Vol.13, 1999, pp. 43–57.

Jung D., Yammarino F.J. and Lee J.K., "Moderating role of subordinates' attitudes on transformational leadership and effectiveness: A multi–cultural and multi–level perspective", *Leadership Quarterly*, Vol.20, 2009, pp. 586–603.

Kahn W.A., "Psychological conditions of personal engagement and disengagement at work", *Academy Management Journal*, Vol.33, No.4, 1990, pp. 692–724.

Kahn W.A., "Relational systems at work", *Research in Organizational Behavior*, Vol.20, 1998, pp. 39–76.

Kark R., Shamir B. and Chen G., "The two faces of transformational leadership: Empowerment and dependency", *Journal of Applied Psychology*, Vol.88, No.2, 2003, pp. 246–255.

Kearney E., Gebert D. and Voelpel S.C., "When and how diversity benefits teams: The importance of team members need for cognition", *Academy of Management Journal*, Vol.52, 2009, pp. 581–598.

Kirkman B.L., Chen G., Farh J.L., Chen Z.X. and Lowe K.B., "Individual power distance orientation and follower reactions to transformational leaders: A cross-level, cross-cultural examination", *Academy of Management Journal*, Vol.52, No.4, 2009, pp. 744–764.

Kirton M., "Adaptors and innovators in organizations", *Human Relations*, Vol. 33, No.4, 1980, pp. 13–224.

Lee F., Edmondson A.C., Thomke S. and Worline M., "The mixed effects of inconsistency on experimentation in organizations", *Organization Science*, Vol.15, No.3, 2004, pp. 310–326.

Lirio P., Lee M. D. and Williams M.L., "The inclusion challenge with reduced-load professionals: The role of the manager", *Human Resource Management*, Vol.47, No.3, 2008, pp. 443–461.

Liu S., Schuler R.S. and Zhang P., "External learning activities and employee creativity in chinese R&D teams", *Cross Cultural Management: An International Journal*, Vol.20, No.3, 2013, pp. 429–448.

Manfred F.R. and Kets de Vries, "Prisoners of Leadership", *Human Relations*, Vol.41, No.3, 1988, pp. 261–280.

Matthew C.T., "Leader creativity as a predictor of leading change in organizations", *Journal of Applied Social Psychology*, Vol.39, No.1, 2009, pp. 1–41.

Miller F. A., "The door to achieving high performance and inclusion", *Public Personnel Management*, Vol.27, No.2, 1998, pp. 151–160.

Molm L.D., "Structure, action, and outcomes: The dynamics of power in social exchange", *American Sociological Review*, Vol.55, No.3, 1990, pp. 427–447.

Mor–Barak M. E. and Cherin D. A., "A tool to expand organizational understanding of workplace diversity: Exploring a measure of inclusion–exclusion", *Administration in Social Work*, Vol.22, No.1, 1998, pp. 47–64.

Mumford M. D. and Fried Y., "Give them what they want or give them what they need? Ideology in the study of leadership", *Journal of Organizational Behavior*, Vol.35, 2014, pp. 622–634.

Mumford M.D., Scott G.M., Gaddis B. and Strange J.M., "Leading creative people: Orchestrating expertise and relationships", *The Leadership Quarterly*, Vol.13, No.6, 2002, pp. 705–750.

Nahrgang J.D., Morgeson F.P. and Ilies R., "The development of leader–member exchanges: Exploring how personality and performance influence leader and member relationships over time", *Organizational Behavior and Human Decision Processes*, Vol.108, No.2, 2009, pp. 256–266.

Nembhard I.M. and Edmondson A.C., "Making it safe: The effects of leader inclusiveness and professional status on psychological safety and improvement efforts in health care teams", *Journal of Organizational Behavior*, Vol.27, No.7, 2006, pp. 941–966.

Nishii L.H. and Mayer D.M., "Do inclusive leaders help to reduce turnover in diversity to turnover relationship", *Journal of Applied Psychology*, Vol.94, No.6, 2009, pp. 1412–1426.

Oldham G.R. and Gummings A., "Employee creativity: Personal and contextual factors at work", *The Academy of Management Journal*, Vol.39, No.3, 1996, pp. 607–634.

Ospina S., "Leadership, diversity and inclusion: Insights from scholarship", *Graduate School of Public Service*, Vol.3, 2011, pp. 3–30.

Pieterse A.N., Van Knippenberg D., Schippers M. and Stam D., "Transformational and transactional leadership and innovative behavior: The moderating role of psychological empowerment", *Journal of Organizational Behavior*, Vol.31, No.4, 2010, pp. 609–623.

Popper M. and Mayseless O., "Back to basics: Applying a parenting perspective to transformational leadership", *Leadership Quarterly*, Vol.14, No. 1, 2003, pp. 41–65.

Rayner S., "Educational diversity and learning leadership: A proposition, some principles and a model of inclusive leadership?", *Educational Review*, Vol.61, No.4, 2009, pp. 433–447.

Roberson Q. M., "Disentangling the meanings of diversity and inclusion in organizations", *Group & Organization Management*, Vol.31, No.2, 2006, pp. 212–236.

Robert E., Robin H., Steven H. and Debora S., "Perceived organizational support", *Journal of Applied Psychology*, Vol.71, No.3, 1986, pp. 500–507.

Ryan J., "Inclusive leadership and social justice for schools", *Leadership and Policy in Schools*, Vol.5, No.1, 2006, pp. 3–17.

Scott S.G. and Bruce R.A., "Determinants of innovation behavior: A path model of individual innovation in the workplace", *Academy of Management Journal*, Vol.37, 1994, pp. 580–607.

Shamir B., House R.J. and Arthur M.B., "The motivational effects of charismatic leadership: A self-concept based theory", *Organization Science*, Vol.4, No.4, 1993, pp. 577–594.

Shamir B., "The charismatic relationship: Alternative explanations and predictions", *Leadership Quarterly*, Vol.2, No.2, 1991, pp. 81–104.

Shin S.J. and Zhou J., "Transformational leadership, conservation, creativity: Evidence from Korea", *Academy of Management Journal*, Vol.46, No. 6, 2003, pp. 703–714.

Shore L.M., Randel A.E. and Chung B.G., et al., "Inclusion and diversity in work groups: A review and model for future research", *Journal of Management*, Vol.37, No.4, 2011, pp. 1262–1289.

Song J.W., Tusi A.S. and Law S.K., "Unpacking employee responses to organizational exchange mechanisms: The role of social and economic exchange perceptions", *Journal of Management*, Vol.35, No.1, 2009, pp. 56–93.

Sonja L., Laura K. and Diener E., "The benefits of frequent positive affect: Does happiness lead to success?", *Psychological Bulletin*, Vol.131, No. 6, 2005, pp. 803–855.

Sparrowe R.T. and Liden R., "Two routes to influence: Integrating leader-member exchange and social network perspectives", *Administrative Science Quarterly*, Vol.50, No.4, 2005, pp. 505–535.

Temple J.B. and Ylitalo J., "Promoting inclusive leadership in higher education institutions", *Tertiary Education and Management*, Vol.15, No.3, 2009, pp. 277–289.

Tierney P., Farmen S.M. and Graen G.B., "An examination of leadership and employee creativity: The relevance of leadership and relationships", *Personnel Psychology*, Vol.52, No.3, 1999, pp. 591–620.

Tierney P. and Farmer S.M., "Creative self-efficacy: Its potential antecedents and relationship to creative performance", *Academy of Management Journal*, Vol.45, No.6, 2002, pp. 1137–1148.

Tsui A.S., Ashford S.J., Clair L. and Xin K.R., "Dealing with discrepant expectations: Response strategies and managerial effectiveness", *Academy of Management Journal*, Vol.38, 1995, pp. 1515–1543.

Tyler T.R. and Lind E.A., "A relational model of authority in groups", *Advances in Experimental Social Psychology*, Vol.25, 1992, pp. 115–191.

Wang C., Tsai H. and Tsai M., "Linking transformational leadership and employee creativity in the hospitality industry: The influences of creative role identity, creative self-efficacy, and job complexity", *Tourism Management*, No.40, 2014, pp. 79–89.

Woodman R.W., Sawyer J.E. and Griffin R.W., "Toward a theory of organizational creativity", *Academy of Management Review*, Vol.18, No. 2, 1993, pp. 293–321.

Yanadori Y. and Cui V., "Creating incentives for innovation? The relationship between pay dispersion in R&D groups and firm innovation performance", *Strategic Management Journal*, Vol.34, No.12, 2013, pp. 1502–1511.

Yukl G., "An evaluation of conceptual weaknesses in transformational and charismatic leadership theories", *The Leadership Quarterly*, Vol.28, No. 10, 1999, pp. 285–305.

Zhang A.Y., Tsui A.S. and Wang D.X., "Leadership behaviors and group creativity in Chinese organizations: The role of group processes", *Leadership Quarterly*, Vol.22, No.5, 2011, pp. 851–862.

Zhao X., Lynch J.G. and Chen Q., "Reconsidering Baron and Kenny: Myths and truths about mediation analysis", *Journal of Consumer Research*, Vol. 37, 2010, pp. 197–206.

Zhou J. and George J.M., "When job dissatisfaction leads to creativity: Encouraging the expression of voice", *Academy of Management Journal*, Vol. 44, No.4, 2001, pp. 682–696.

索　引

专家推荐表

第八批《中国社会科学博士后文库》专家推荐表 1

《中国社会科学博士后文库》由中国社会科学院与全国博士后管理委员会共同设立，旨在集中推出选题立意高、成果质量高、真正反映当前我国哲学社会科学领域博士后研究最高学术水准的创新成果，充分发挥哲学社会科学优秀博士后科研成果和优秀博士后人才的引领示范作用，让《文库》著作真正成为时代的符号、学术的标杆、人才的导向。

推荐专家姓名	苏勇	电　话	
专业技术职务	教授（博士生导师）	研究专长	组织行为与人力资源管理
工作单位	复旦大学管理学院	行政职务	东方管理研究院院长、系主任
推荐成果名称	包容型领导对下属创造力的影响机制研究		
成果作者姓名	古银华		

（对书稿的学术创新、理论价值、现实意义、政治理论倾向及是否具有出版价值等方面做出全面评价，并指出其不足之处）

　　本书以心理安全感为促进机制、以下属依赖为抑制机制，从正反两方面同时探索了包容型领导对下属创造力的作用机制，并探讨了权力距离的边界作用。此外，本书还在中国组织情境下对"下属依赖"测量工具进行了提纯，具有较好的学术创新。

　　该书的理论价值体现在：验证了包容型领导对下属创造力的"双刃剑"效应，拓展了领导力—创造力模型和包容型领导理论；构建了包容型领导对下属创造力的影响机制模型，并找到了打开两者之间"黑箱"的钥匙，从多路径透析了包容型领导和下属创造力之间的传导机制；验证了下属依赖可分为下属认知依赖和下属动机依赖两个维度。现实意义主要体现在：提出了企业增强员工创造力的三条路径：提高包容型领导水平，营造和谐、安全、敬业的组织氛围，促进员工提高创造力；增强团队中的心理安全氛围，激发员工创新的内驱力；降低员工的依赖心理，排除抑制创造力的心理障碍。

　　总体上说，该书稿在研究设计、数据收集、假设验证和管理启示等各个环节都做得比较扎实，研究视角新颖，方法恰当，论述充分，推理逻辑性强，数据分析规范，具有较好的理论价值和现实意义，政治理论倾向正确，达到了出版水平，是一部值得推荐的优秀书稿。其不足之处主要在于采用的是横截面数据，下一步应当考虑跨层面的追踪研究。

签字：苏勇

2018 年 11 月 30 日

说明：该推荐表须由具有正高级专业技术职务的同行专家填写，并由推荐人亲自签字，一旦推荐，须承担个人信誉责任。如推荐书稿入选《文库》，推荐专家姓名及推荐意见将印入著作。

第八批《中国社会科学博士后文库》专家推荐表 2

　　《中国社会科学博士后文库》由中国社会科学院与全国博士后管理委员会共同设立，旨在集中推出选题立意高、成果质量高、真正反映当前我国哲学社会科学领域博士后研究最高学术水准的创新成果，充分发挥哲学社会科学优秀博士后科研成果和优秀博士后人才的引领示范作用，让《文库》著作真正成为时代的符号、学术的标杆、人才的导向。

推荐专家姓名	井润田	电　　话	
专业技术职务	教授（博士生导师）	研究专长	领导行为
工作单位	上海交通大学安泰经济与管理学院	行政职务	
推荐成果名称	包容型领导对下属创造力的影响机制研究		
成果作者姓名	古银华		

（对书稿的学术创新、理论价值、现实意义、政治理论倾向及是否具有出版价值等方面做出全面评价，并指出其不足之处）

　　本书基于组织支持理论与领导力—创造力模型，对包容型领导与下属创造力的关系进行了探索，并从多路径透析了两者之间的传导机制。研究具有较好的学术创新，主要体现在：第一，研究内容方面。在企业文化日益多元化和企业竞争日益白热化的背景下，以"包容"和"创新"为研究主题显得十分有意义。第二，研究视角方面。同时关注包容型领导的积极影响和消极影响两方面，更加全面客观地反映该领导风格的特征和规律。第三，研究设计方面。为了减少同源方差的影响，本书采用了配对数据，设计了 L 卷和 M 卷两套试卷，分别面向领导和下属独立采集数据，然后进行配对。此外，为了提高问卷调查的数据质量，研究者进行了精心设计，采取了一系列行之有效的措施。

　　本书不仅能丰富包容型领导理论，而且拓展了领导力—创造力模型，发展了创造力的影响因素研究，构建了包容型领导对下属创造力的影响机制理论模型。研究结果对企业营造包容和谐工作氛围、提高员工创造力、领导及员工的选拔与培训等方面都有较好的指导意义。研究中也存在不足。比如，不同文化背景下"包容"的含义有所不同，对包容型领导的本土化研究值得进一步关注。

　　综上所述，本书有较好的学术创新，具有较高的理论价值和现实意义，政治理论倾向正确，达到了出版水平，是一部优秀的书稿，建议优先录用。

签字：井润田

2018 年 11 月 30 日

说明：该推荐表须由具有正高级专业技术职务的同行专家填写，并由推荐人亲自签字，一旦推荐，须承担个人信誉责任。如推荐书稿入选《文库》，推荐专家姓名及推荐意见将印入著作。

经济管理出版社
《中国社会科学博士后文库》
成果目录

第一批《中国社会科学博士后文库》（2012 年出版）

序号	书　名	作　者
1	《"中国式"分权的一个理论探索》	汤玉刚
2	《独立审计信用监管机制研究》	王　慧
3	《对冲基金监管制度研究》	王　刚
4	《公开与透明：国有大企业信息披露制度研究》	郭媛媛
5	《公司转型：中国公司制度改革的新视角》	安青松
6	《基于社会资本视角的创业研究》	刘兴国
7	《金融效率与中国产业发展问题研究》	余　剑
8	《进入方式、内部贸易与外资企业绩效研究》	王进猛
9	《旅游生态位理论、方法与应用研究》	向延平
10	《农村经济管理研究的新视角》	孟　涛
11	《生产性服务业与中国产业结构演变关系的量化研究》	沈家文
12	《提升企业创新能力及其组织绩效研究》	王　涛
13	《体制转轨视角下的企业家精神及其对经济增长的影响》	董　昀
14	《刑事经济性处分研究》	向　燕
15	《中国行业收入差距问题研究》	武　鹏
16	《中国土地法体系构建与制度创新研究》	吴春岐
17	《转型经济条件下中国自然垄断产业的有效竞争研究》	胡德宝

第二批《中国社会科学博士后文库》（2013年出版）

序号	书　名	作　者
1	《国有大型企业制度改造的理论与实践》	董仕军
2	《后福特制生产方式下的流通组织理论研究》	宋宪萍
3	《基于场景理论的我国城市择居行为及房价空间差异问题研究》	吴　迪
4	《基于能力方法的福利经济学》	汪毅霖
5	《金融发展与企业家创业》	张龙耀
6	《金融危机、影子银行与中国银行业发展研究》	郭春松
7	《经济周期、经济转型与商业银行系统性风险管理》	李关政
8	《境内企业境外上市监管若干问题研究》	刘　轶
9	《生态维度下土地规划管理及其法制考量》	胡耘通
10	《市场预期、利率期限结构与间接货币政策转型》	李宏瑾
11	《直线幕僚体系、异常管理决策与企业动态能力》	杜长征
12	《中国产业转移的区域福利效应研究》	孙浩进
13	《中国低碳经济发展与低碳金融机制研究》	乔海曙
14	《中国地方政府绩效评估系统研究》	朱衍强
15	《中国工业经济运行效益分析与评价》	张航燕
16	《中国经济增长：一个"被破坏性创造"的内生增长模型》	韩忠亮
17	《中国老年收入保障体系研究》	梅　哲
18	《中国农民工的住房问题研究》	董　昕
19	《中美高管薪酬制度比较研究》	胡　玲
20	《转型与整合：跨国物流集团业务升级战略研究》	杜培枫

第三批《中国社会科学博士后文库》（2014年出版）

序号	书　名	作　者
1	《程序正义与人的存在》	朱　丹
2	《高技术服务业外商直接投资对东道国制造业效率影响的研究》	华广敏
3	《国际货币体系多元化与人民币汇率动态研究》	林　楠
4	《基于经常项目失衡的金融危机研究》	匡可可
5	《金融创新及其宏观效应研究》	薛昊旸
6	《金融服务县域经济发展研究》	郭兴平
7	《军事供应链集成》	曾　勇
8	《科技型中小企业金融服务研究》	刘　飞
9	《农村基层医疗卫生机构运行机制研究》	张奎力
10	《农村信贷风险研究》	高雄伟
11	《评级与监管》	武　钰
12	《企业吸收能力与技术创新关系实证研究》	孙　婧
13	《统筹城乡发展背景下的农民工返乡创业研究》	唐　杰
14	《我国购买美国国债策略研究》	王　立
15	《我国行业反垄断和公共行政改革研究》	谢国旺
16	《我国农村剩余劳动力向城镇转移的制度约束研究》	王海全
17	《我国吸引和有效发挥高端人才作用的对策研究》	张　瑾
18	《系统重要性金融机构的识别与监管研究》	钟　震
19	《中国地区经济发展差距与地区生产率差距研究》	李晓萍
20	《中国国有企业对外直接投资的微观效应研究》	常玉春
21	《中国可再生资源决策支持系统中的数据、方法与模型研究》	代春艳
22	《中国劳动力素质提升对产业升级的促进作用分析》	梁泳梅
23	《中国少数民族犯罪及其对策研究》	吴大华
24	《中国西部地区优势产业发展与促进政策》	赵果庆
25	《主权财富基金监管研究》	李　虹
26	《专家对第三人责任论》	周友军

第四批《中国社会科学博士后文库》（2015 年出版）

序号	书　名	作　者
1	《地方政府行为与中国经济波动研究》	李　猛
2	《东亚区域生产网络与全球经济失衡》	刘德伟
3	《互联网金融竞争力研究》	李继尊
4	《开放经济视角下中国环境污染的影响因素分析研究》	谢　锐
5	《矿业权政策性整合法律问题研究》	郗伟明
6	《老年长期照护：制度选择与国际比较》	张盈华
7	《农地征用冲突：形成机理与调适化解机制研究》	孟宏斌
8	《品牌原产地虚假对消费者购买意愿的影响研究》	南剑飞
9	《清朝旗民法律关系研究》	高中华
10	《人口结构与经济增长》	巩勋洲
11	《食用农产品战略供应关系治理研究》	陈　梅
12	《我国低碳发展的激励问题研究》	宋　蕾
13	《我国战略性海洋新兴产业发展政策研究》	仲雯雯
14	《银行集团并表管理与监管问题研究》	毛竹青
15	《中国村镇银行可持续发展研究》	常　戈
16	《中国地方政府规模与结构优化：理论、模型与实证研究》	罗　植
17	《中国服务外包发展战略及政策选择》	霍景东
18	《转变中的美联储》	黄胤英

第五批《中国社会科学博士后文库》（2016 年出版）

序号	书　名	作　者
1	《财务灵活性对上市公司财务政策的影响机制研究》	张玮婷
2	《财政分权、地方政府行为与经济发展》	杨志宏
3	《城市化进程中的劳动力流动与犯罪：实证研究与公共政策》	陈春良
4	《公司债券融资需求、工具选择和机制设计》	李　湛
5	《互补营销研究》	周　沛
6	《基于拍卖与金融契约的地方政府自行发债机制设计研究》	王治国
7	《经济学能够成为硬科学吗?》	汪毅霖
8	《科学知识网络理论与实践》	吕鹏辉
9	《欧盟社会养老保险开放性协调机制研究》	王美桃
10	《司法体制改革进程中的控权机制研究》	武晓慧
11	《我国商业银行资产管理业务的发展趋势与生态环境研究》	姚　良
12	《异质性企业国际化路径选择研究》	李春顶
13	《中国大学技术转移与知识产权制度关系演进的案例研究》	张　寒
14	《中国垄断性行业的政府管制体系研究》	陈　林

第六批《中国社会科学博士后文库》(2017 年出版)

序号	书　名	作　者
1	《城市化进程中土地资源配置的效率与平等》	戴媛媛
2	《高技术服务业进口技术溢出效应对制造业效率影响研究》	华广敏
3	《环境监管中的"数字减排"困局及其成因机理研究》	董　阳
4	《基于竞争情报的战略联盟关系风险管理研究》	张　超
5	《基于劳动力迁移的城市规模增长研究》	王　宁
6	《金融支持战略性新兴产业发展研究》	余　剑
7	《清乾隆时期长江中游米谷流通与市场整合》	赵伟洪
8	《文物保护经费绩效管理研究》	满　莉
9	《我国开放式基金绩效研究》	苏　辛
10	《医疗市场、医疗组织与激励动机研究》	方　燕
11	《中国的影子银行与股票市场：内在关联与作用机理》	李锦成
12	《中国应急预算管理与改革》	陈建华
13	《资本账户开放的金融风险及管理研究》	陈创练
14	《组织超越——企业如何克服组织惰性与实现持续成长》	白景坤

第七批《中国社会科学博士后文库》（2018年出版）

序号	书　名	作　者
1	《行为金融视角下的人民币汇率形成机理及最优波动区间研究》	陈　华
2	《设计、制造与互联网"三业"融合创新与制造业转型升级研究》	赖红波
3	《复杂投资行为与资本市场异象——计算实验金融研究》	隆云滔
4	《长期经济增长的趋势与动力研究：国际比较与中国实证》	楠　玉
5	《流动性过剩与宏观资产负债表研究：基于流量存量一致性框架》	邵　宇
6	《绩效视角下我国政府执行力提升研究》	王福波
7	《互联网消费信贷：模式、风险与证券化》	王晋之
8	《农业低碳生产综合评价与技术采用研究——以施肥和保护性耕作为例》	王珊珊
9	《数字金融产业创新发展、传导效应与风险监管研究》	姚　博
10	《"互联网+"时代互联网产业相关市场界定研究》	占　佳
11	《我国面向西南开放的图书馆联盟战略研究》	赵益民
12	《全球价值链背景下中国服务外包产业竞争力测算及溢出效应研究》	朱福林
13	《债务、风险与监管——实体经济债务变化与金融系统性风险监管研究》	朱太辉

第八批《中国社会科学博士后文库》（2019 年出版）

序号	书　名	作　者
1	《分配正义的实证之维——实证社会选择的中国应用》	汪毅霖
2	《金融网络视角下的系统风险与宏观审慎政策》	贾彦东
3	《基于大数据的人口流动流量、流向新变化研究》	周晓津
4	《我国电力产业成本监管的机制设计——防范规制合谋视角》	杨菲菲
5	《货币政策、债务期限结构与企业投资行为研究》	钟　凯
6	《基层政区改革视野下的社区治理优化路径研究：以上海为例》	熊　竞
7	《大国版图：中国工业化 70 年空间格局演变》	胡　伟
8	《国家审计与预算绩效研究——基于服务国家治理的视角》	谢柳芳
9	《包容型领导对下属创造力的影响机制研究》	古银华
10	《国际传播范式的中国探索与策略重构——基于会展国际传播的研究》	郭　立
11	《唐代东都职官制度研究》	王　苗

《中国社会科学博士后文库》
征稿通知

为繁荣发展我国哲学社会科学领域博士后事业，打造集中展示哲学社会科学领域博士后优秀研究成果的学术平台，全国博士后管理委员会和中国社会科学院共同设立了《中国社会科学博士后文库》（以下简称《文库》），计划每年在全国范围内择优出版博士后成果。凡入选成果，将由《文库》设立单位予以资助出版，入选者同时将获得全国博士后管理委员会（省部级）颁发的"优秀博士后学术成果"证书。

《文库》现面向全国哲学社会科学领域的博士后科研流动站、工作站及广大博士后，征集代表博士后人员最高学术研究水平的相关学术著作。征稿长期有效，随时投稿，每年集中评选。征稿范围及具体要求参见《文库》征稿函。

联系人：宋　娜

电子邮箱：epostdoctoral@126.com

通讯地址：北京市海淀区北蜂窝 8 号中雅大厦 A 座 11 层经济管理出版社《中国社会科学博士后文库》编辑部

邮编：100038

经济管理出版社